U0486376

恒温教养

用耐心回应孩子的情绪，用理解使孩子的心灵安定下来
构筑坦率的信任关系，维持爱的恒温

黄之盈 /著

北京日报出版社

图书在版编目（CIP）数据

恒温教养 / 黄之盈著. —— 北京：北京日报出版社，2023.1
　ISBN 978-7-5477-4292-1

Ⅰ.①恒… Ⅱ.①黄… Ⅲ.①儿童教育－家庭教育 Ⅳ.①G782

中国版本图书馆CIP数据核字(2022)第254675号

著作权合同登记 图字：01-2022-6811

本书经汉湘文化事业股份有限公司授权出版中文简体字版本
中文简体字版权专有权归北京紫图图书有限公司所有

恒温教养

责任编辑	王子红
监　　制	黄　利　万　夏
特约编辑	曹莉丽　鞠媛媛　杨佳怡
营销支持	曹莉丽
版权支持	王福娇
装帧设计	紫图装帧
出版发行	北京日报出版社
地　　址	北京市东城区东单三条8-16号东方广场东配楼四层
邮　　编	100005
电　　话	发行部：(010) 65255876
	总编室：(010) 65252135
印　　刷	艺堂印刷（天津）有限公司
经　　销	各地新华书店
版　　次	2023年1月第1版
	2023年1月第1次印刷
开　　本	880毫米×1230毫米　1/32
印　　张	12.75
字　　数	220千字
定　　价	79.90元

版权所有，侵权必究，未经许可，不得转载

推荐序
听懂孩子的情绪信号，
下一次会做得更好

有了孩子后才真正体会到，和孩子相处是多么不容易。我多么佩服之盈这样的全职妈妈，时时刻刻与孩子黏在一起，除了满足孩子的需求，更懂得照顾自己，还能持续创作，生产力无限！

相信很多父母，在教养孩子的过程中都"疲惫失控"过。感到疲惫失控时，你会怎么做？不是双手一摊表示"老娘不管你了"，就是怒吼、呵斥，让孩子感到畏惧。但看到孩子眼眶泛红时，又感到心疼自责，这样的场景，时常在我自己身上上演。

幸好，之盈的新书《恒温教养》，让不小心就会心急的父母感到宽慰，得到解答。对孩子怒吼虽然不好，但若不小心做了，接下来要做的是修复亲子关系。每一次的育儿挫折，都是为下一次做得更好做准备。

许多父母和我一样，难以忍受孩子的哭闹，特别是没来由地发脾气。每当我女儿闹脾气时，我就感到血压飙升，拳头也跟着攥起来了。然而，之盈用浅显易懂的文字，教我们去听懂年幼孩子情绪与行为背后隐而未显的信息，有时候是生理上的不舒服，有时候则是期待获得心理上的满足。理解了这个道理，就能知道如何处理，而不是跟着发脾气，或者用更强烈的怒气来压制孩子的哭闹行为。

这本书中之盈介绍了**许多与孩子互动的技巧，特别适用于幼儿园到小学阶段的孩子**。而且书里更是不断地提醒父母应该**自我审视，每一个被孩子激起的情绪浪潮，其实都与我们的成长经历有关**。

如果我们能够清楚辨别"这是孩子的问题，还是我的问题"，育儿路上的许多困扰就能迎刃而解，因为这时候问题已经不是问题了，而是我们内在匮乏时内心期待的投射。没有人是在完全准备好后才成为父母的。我衷心期待，每一个初为父母的大人，都能拥有《恒温教养》这本书。你不需要做到最好，但通过学习与反思，可以做得更好。

陈志恒
心理咨询师、作家

推荐序
温暖心灵，也治愈了自己

打开这本书，读到第一个章节，就被"崩溃的心情无害"这几个字治愈了，像是被一只温暖的手轻拍着，它告诉我："没关系，你已经很努力了，我们下次再试试看。"

曾经，我认为自己的蒙台梭利专业知识，可以给予孩子最理想的教育，凡事以孩子的需求与发展为先，即便自己的内心崩塌，也要压抑着自己，确保自己对待孩子的方式是最好的，直到有一天，我耗尽了自己。我开始将目光转向自己，学习观察自己，允许自己犯错，接纳自己的不完美，而这样的容错，创造了一个空间，一个心灵休息室，让我在育儿的漫漫长路上，得到适当的喘息，然后继续向前走。

这本《恒温教养》里，之盈融合了心理咨询专业知识与蒙台梭利教养理念，除了谈论如何与孩子互动，更带你了解自己、检视自己、照顾自己。现代父母越来越重视孩子的家庭教育，花费许多心力学习教养方法，想给孩子最好的教育，却往往忽略了自己。大人的心理状态、童年经历，都会影响我们与孩子的互动方式，唯有更加了解自己，先与自己的内在小孩联结，才能与孩子联结，父母好，孩子才会好。

　　休息，是为了走更长远的路，邀请你，走进这本书，让这本书成为你的心灵休息室，照顾你、温暖你。

蒙台梭利妈妈 在北加
Jocelyn
蒙台梭利教师、教育学硕士

推荐序
与孩子信任联结，
感受育儿的甜蜜及成就感

认识之盈一年感觉就像认识她十年了，犹记得刚认识她的第一个十分钟，就跟现在的她一样，真实、诚恳、善良，她不仅是专业的心理咨询师，更是一位充满活力、注入全身力气用心育儿、能够随时发挥创意来陪伴孩子的古灵精怪的可爱母亲。

育儿生活不乏挫折、沮丧，我们时常通过谈话，帮彼此找回育儿生活中的甜蜜与成就感，支持彼此"看见自己"，照顾好自己，继而又能有勇气面对下一个育儿日常。

能见证这本《恒温教养》的诞生，我真的很替之盈感到开心、骄傲，也很感动，因为书中所有的内容，都是她这三年多来再真实不过的育儿教养实录。**她不预设观点，而是先去观察孩子的身心需求，再运用专业知识，来辨识自己是否能贴近孩子的需求**，每一次花心思累积而来的，是她与孩子之间超紧密的联结与相互信任。

这是一本集结所有接地气教养精华的父母疗愈手册，你可以将它当作教养指南使用，为你解决教养难题指引方向，提供方法让父母练习；也可以单纯视它为一位母亲的教养实录，你将因为看见父母的真实心声而得到暖心疗愈。衷心期盼你阅读它，绝对实用且令你感动。

谢凯婷
亲子教养咨询教练

推荐序

正确看待育儿难题，做最真实的父母

身为在家蒙台梭利推广者，最大的挑战来自在家实行蒙台梭利教育时，父母扮演着"情绪平稳"的引导者，然而如果能情绪平稳，谁想要情绪暴躁呢？这四个字成为父母最大的压力。市面上的教养书大部分着重于孩子身上，之所以会推荐之盈的这本《恒温教养》，是因为看完书后，有一种打通任督二脉的感觉。原来我们可以正确看待自己身为父母的难处，书中一步步教我们拆解那些自己不喜欢的样子，原来都是其来有自。在本书循序渐进的带领下，理解到不需要完美的教养，而是在期待与现实中观察并倾听自己和孩子的声音，让我们看懂自己，也看懂孩子，成为最真实的父母，真是一本照顾到父母也照顾到孩子的好书。

先生不姓蒙，养出一个蒙氏娃 Doris
AMI 0—3 岁蒙台梭利引导员

亲子关系是极需细腻觉察、感受、执行与微调的。深信当父母学会了爱自己后，才能够与孩子保持爱的恒温。

王意中
王意中心理治疗所所长／临床心理师

恒温来自父母对自身现况的觉察并付出行动，愿意经常为自己保暖或乘凉，亲子关系将更紧密与融洽。

陈其正（丑爸）
亲子讲师、作家

之盈是一个很认真的心理咨询师，也是一个非常认真的妈妈，从她的文字里，你可以感受到，她既想传递照顾给父母，也想传递温柔给孩子。

我很喜欢这本书的开头，之盈首先肯定地告诉父母，"崩溃的心情无害"，同时细心地陪着我们一起先关照自己。也很喜欢书的后半部分，她帮助我们更深地去理解孩子小小的脑袋感知到的事情经常跟大人是有差异的，真正去感受孩子的世界。在那些孩子的需求与我们的需求打起架来的时候，推荐这样细致地理解大人与孩子的书给你。

High 妈
心理咨询师

在教养孩子的过程中，父母时常会感到焦虑，也会因为对孩子失去耐性而自责，陷入越想做好，越常感到无助的负面循环。要想从这样的循环中跳出来，需要很多内省和自我觉察，这本书就像给父母的一句温柔提醒："陪伴孩子的同时，不要忘了倾听自己的内心。"

羽茜
作家

黄心理咨询师愿意从父母的自我照顾切入，让我非常感动。现代父母真的很容易过劳，生活的考验也很大。要走出传统，摸索出以爱与关怀为基调的教养风格，现代父母面临的困难不少，但有黄心理咨询师的陪伴与引领，我们就有了榜样。

洪仲清
临床心理师

作者序

成为恒温父母的刻意练习

国际知名学者加利·兰德雷斯博士（Garry Landreth）曾提出一个观点，我们身为父母，应该成为反映孩子状态的恒温计，而非温度计。这两者的区别是，温度计会跟着孩子的情绪起伏而起伏；**恒温计则是根据孩子的反应，调整自我的步调，再反映给孩子之后，保持稳定步伐并引领孩子前进。**

身为父母，我们可以继续和孩子保持心连心，但心情不受影响和震荡，同时也不因共情被孩子的情绪牵着鼻子走。《恒温教养》的核心在于时时觉察当下的状态，敏感体察自己是否会跟着孩子情绪震荡而起伏，对教养的态度患得患失。这种感觉就像如果孩子发烧了，你拿着体温计跟他说"宝贝，你现在身体很热，三十九度多"，而恒温计并不会跟着一起发烧，如此才有机会保持身心平稳的状态，照顾眼前的孩子。假设我们本身就是体温计，随着孩子的状态起伏，就很可能因为孩子发烧跟着焦躁不安。我们心里都非常在意家人，这也就是为什么父母常会被孩子的回应弄得一身挫败、被伴侣是否支持弄得心力交瘁,我们愿意花很多时间与长辈沟通,这些都是基于"爱"。

面对孩子成长的"动乱",提供适当陪伴

本书用预防性的观点、浅白的语言从我与孩子的日常相处切入,以好玩、有趣的口吻分享,**促使你逐渐对育儿有把握、看懂孩子的内心状态、治愈自己的内心、了解孩子的发展、找回与孩子心心相连的感受**。我在播客节目"FACE崩溃娃的镇定计"的讨论中,我们常看见父母的真实对孩子有多重要,失望带来启发、崩溃带来活力、承认失败带来诸多好处。

希望你在阅读本书时,会感到舒心,并且认识到"父母是人不是神"。

当你遇到育儿烦恼时,将其当成一个自我觉察和反思的机会,跌倒时允许自己趴在地上躺一会儿,接纳自己的挫折感。因为,当我们愿意承认跌倒时,就更能理解孩子面对失败时的

无助，以同理的方式协助孩子勇敢面对自己的心境，擦干眼泪后，找方法更积极地面对问题。

一步一个脚印，找到最像你的恒温状态

在此，我想鼓励你，每次"失血"的过程，只要多多接纳自己的起心动念、疼惜自己的辛苦和付出，就有心理空间读懂孩子的发展历程，当我们对自己真实以待，再次回到育儿现场时，就比较容易蹲下身子，坦率地与孩子一同分享彼此的处境。

"唯有父母完整了，孩子才会跟着完整"，我们不会因为生了孩子，就突然能一眼看穿孩子哭闹背后的动机，这些都是要经过慢速的学习，在"父母新手村"里的我们要多肯定自己所有的努力及改变，当我们遇到挫折时学会修复、犯错时学会找方法，向孩子展露真实的现况，孩子也会用真实来回应我们。

《恒温教养》希望能带给大家的新观点是：**带着觉察和共情，敏感地体察自己的心境和压力，不害怕育儿崩溃的窘境和狼狈，而是面对压力，解套自己内心的感受，才有机会向孩子做个坦诚的父母，进而回应孩子的心境。**

期许这本书能成为你的精神支柱，一步一个脚印地陪伴你

找到最像你的恒温状态，我们无法预期孩子的人生会天降奇迹，但可以创造轨迹、事迹和每一天的累积。不管翻到哪一页，当你的内心缺水、缺粮、缺电力，请让这本书帮助你找回身为父母本来就该有的"自信血液"。终有一天你会发现，曾经在教养路上遇到的每一个挫折，都会变成你育儿时的强大能量。

黄之盈

目录 Content

第1章 恒温父母之路，帮孩子长出韧性

- 带孩子时常常感到疲惫？父母也要好好照顾自己！ 2
- 孩子为何无理取闹？看懂哭闹行为背后的心理诉求 18
- 真实的孩子和理想中的孩子 26
- 坦率表达情绪，有助于建立界线 34
- 关于生气的"设限" 46
- 你今天 PACE 了吗？ 52
- 亲子之间怎么总是在"平行时空"？ 58
- 允许孩子拥有真实的感受 66
- 在孩子面前不需假装，只需做最真实的自己 72
- 依附关系的人际互动模式 90
- 让孩子知道，他很重要 98

第2章 解密孩子的大脑成长地图

- 孩子为什么会哭闹不停？
  因为这就是他平静下来的方法！ 106
- 当孩子出现攻击行为时，
  如何协助他面对成长的"动乱"？ 112
- 育儿的根本在于"爱" 122
- 让孩子练习"选择" 128
- 兄弟姐妹，先后来到的"同班同学" 134
- 用理解和耐心回应孩子的情绪 140
- 值得关注的"内在"需求 148
- 越亲密，越要"划分领域" 154
- 跟孩子说的每一句话，都是关系的累积 162
- "不打断"地倾听 168
- 父母有什么反馈，就会让孩子长成什么样的大人 174
- 完整的父母和完整的孩子 182
- 给孩子符合年龄的期望 186
- 十大教养困境解方——心理师妈妈的"恒温沟通术" 190

第3章 爱的游戏让孩子与世界产生联结

- 父母和孩子之间的"潜在空间" 212
- 父母保持恒温,才能读懂孩子的成长乐趣 216
- 用游戏进入孩子的内心世界 224
- 涂鸦,是为了和世界相连 230
- 手,是孩子的第二个大脑 238
- 电子产品让孩子的学习过程被省略 248
- 孩子,是世界上最动感的语言 260
- 孩子有你,才能勇敢做自己 270
- 读懂孩子的要求,给予合适的素材 276
- 帮助孩子稳定情绪的"冷静瓶" 280
- 维持优雅心境,从"改造环境"开始 286
- 来玩!就地取材的"耗电"小游戏 298
- 通过童话故事,拓展亲子对话 304
- 理解孩子的"坏"都是有原因的 310
- 正确使用电子产品,与孩子保持心连心 318

特别篇 和孩子谈性，父母一定要知道的事

- 性教育的第一步——身体自主权 328
- "阶段性"教导孩子产生好奇的小时光 334
- 正视孩子的"性"困扰 342
- 不避讳讨论，和孩子一起找答案 348
- 依照孩子需求给予回应，培养亲密感 356
- 正确认识性知识，建立健康、值得信赖的关系 362
- 培养自我肯定感，每个孩子都有独特的力量 366

- 结语 371
- 参考书目 375

面对孩子的大哭大叫、无理取闹，内心澎湃的无助、心累、崩溃正席卷而来！恭喜你，你已经迈入"父母之路"的狂风暴雨期，我想跟你说：崩溃的心情无害，我们得抽丝剥茧打开各个窗口，承认它，感受它，就能看见自己也看见孩子。我们都有能力学习如何与孩子修复关系，孩子正等着你重新接近他。

第 1 章

恒温父母之路，帮孩子长出韧性

带孩子时常常感到疲惫？
父母也要好好
照顾自己！

昨晚睡眠不佳，但还是得打起精神来应付一整天的工作，面对老板的刁难已经很累了，下班前又得知重要客户不再继续合作。此时的你已经累积了一整天的疲惫和压力，回到家后，却看到家里被孩子弄得一团糟，地上的玩具没收拾、作业没有写、澡也没洗，该做的事情都没有做，你的心情会如何呢？你会不会觉得这一切都失控了？

你的生活在一天之内，就陷入沮丧的黑洞，觉得所有的不顺都冲着你来了。

如果在这时候，不明就理的孩子还乐淘淘地试图挑战你的底线，你是不是特别想发火，甚至认为所有的不满都逼得你想怒斥狂叫？这就是心理压力带来的影响。这时，你眼前看到的，已经不是你的孩子以及他的行为，而是你的疲惫、挫败和无力，所以整个人陷入了负面思考的旋涡。

成为父母的你，明明也曾光彩照人、知书达礼，可怎么养儿育女之后，所有的劣根性仿佛都出来了，前一秒说"宝贝，我爱你"，下一秒就威胁孩子"你如果再不××，我就××你"。身为父母，你每天有几次想要对孩子尖叫呢？多年的心理咨询以及育儿经验，让我在这方面深有体会，**我想跟每一位父母说："崩溃的心情无害。"**

所有父母的期望无非就是想给孩子一份"安心教养"，尝试把握好孩子学龄前的每一个阶段，但是当孩子哭闹、不肯配合、闹别扭的时候，很容易引发父母内心的焦躁与无力，在情绪上来时，所有的努力似乎都被打回原形，用怒骂来回应孩子的哭闹，吼叫后又后悔，害怕会对孩子造成不良影响，日复一日上演育儿闹剧。于是，往往在夜深人静时，罪恶感、无助、愧疚同时袭上心头，想求助又担心别人异样的眼光，心中有话却无处可倾诉，只能努力在教养书中寻找暂时的答案，这种孤单心境只有自己知道。

更有甚者，上紧发条，逼着自己在工作上积极进取，育儿方面也要完美全能。大多时候父母望子成龙，一方面对孩子的教育环境千挑万选，极力超前部署；一方面渴望不再复制自己的童年经历，期待通过养育孩子的过程来修复自己，因此"比较"的得失心很重，对于各种育儿战术有不断精进的自我要求。

《拼教养：全球化、亲职焦虑与不平等的童年》一书中，认为当代父母想通过育儿态度的修正、育儿技巧的增能，试着弥补、修复与疗愈自己失落的童年经历。我们可以想象运用特定技巧和育儿方式，一方面让孩子不再复制我们成长过程中的缺憾，一方面将童年未曾经历的关爱补偿给自己。除此之外，种种看不见的大时代的社会结构转移，也在无形中加重了父母内心的焦虑及不安。不是只有你才患得患失，而是每个家庭都在进行着不同层面的育儿改写。

《恒温教养》的前提是"先接纳自己崩溃的心境",对负面状态保持觉察,因为当父母对着孩子大吼大叫,其实正是自己心中的内在小孩也受伤了。如何理解这一点,面对它,才有空间喊暂停,再想办法镇定下来,并且找出快速有效的方式"止血",在身心平衡的状态下,跟孩子好好沟通才是重点。

恒温妙方 将压力"油水分离"

我能理解父母处于烦躁状态之下,骂完孩子马上有罪恶感的感受,但在激动的情绪之下,马上要做到"戒吼"实在有些困难。通常父母身体紧绷、两眼发直,准备对孩子开骂的时候,其实是他们处于多重压力之下的情绪化反应,这种反应每个人都有过。

当身体的交感神经正处于激动、准备战斗的状态时,就会降低人们处理问题的能力。人在压力之下容易用最原始、最简单的路径解决眼前的压力,而这时候主要照顾者身体正处于"备战"状态,当身体处于这种焦虑但亢奋的状态时,要父母立刻戒吼,是违反人性的,所以我们必须在此之前,就发现自己正在烦躁，才有机会喊暂停。

这时候，我会先照顾自己的心情，因为我们心中也有自己的内在小孩，当我们因为"父母"的角色一再忍让、为孩子着想，却忘记自己的内心状态也有尖叫烦闷、无助和被聆听、被满足的需要，这时若还想要孩子能体察你的苦心，甚至对等回应"爸，您辛苦了""妈，您受委屈了"，完全是缘木求鱼。孩子的同理心和语言能力并没有我们好，尤其幼儿时期在极度自我为中心的状态下，父母很难收到语言上的回馈和肯定，难免会有委屈和牺牲的感觉。当父母的内在小孩被忽视，久而久之，"积怨"就产生了，此时每次听见孩子的需要和心声都变得很勉强。只要孩子有需求，你内心就浮现"有什么好叫的""有什么好哭的，就知道哭，有什么用"，父母不愿看见孩子的脆弱时，通常也不愿瞥见自己的脆弱。所以，在这个状况下，照顾父母的心情是当务之急。

通常，我会在此时直接同理其他父母：

"你一定也不想这样对孩子，对不对？当你对孩子大呼小叫，马上又后悔，这种感受很难受。"

"我看见你全身紧绷，一边骂孩子，一边眼泛泪光，一定有很重要的理由才让你变成这样。"

"无论你怎么讲孩子都不听的时候,好像过去你的努力都没有用,特别难受。"

"当孩子再一次拖拖拉拉,你又赶时间的时候,真的很困难,对不对?"

"当你每一次为孩子着想,却不被理解的时候,心里面感到特别受挫。"

当父母的心声被充分听懂了,父母内心的小孩被理解了,才有机会理解眼前真实的孩子。

因为当我们自己都感到很饥饿了,又怎么有精力顾及另外一个人又饥又饿呢?

而身为父母,他们常常是自己忍着饥饿,也要先喂孩子吃饭。希望孩子获得更好的照顾,长大后能懂得他们的牺牲,这是上一代父母爱我们的方式。而在我们这一代,当身边的资源较充裕,内心空间较宽广,养育知识和观点也较普及的同时,我们也许可以选择多多照顾自己的心情。

我在另一本书《让我做你的心灵捕手》中曾提及一段话,裴斯泰洛齐曾说:"当我们把魔鬼赶出自己的花园后,你将会在孩子的花园里找到它!"为什么呢?我们用牺牲、奉献的方式,希望孩子因为被照顾而更照顾自己。最终,你会看见孩子也复制了牺牲、奉献的方式去照顾别人，忘记倾听自己内心的声音，所以请在育儿的同时，也不要忘记倾听我们内心真实的声音。也许我们在孩子一岁半以前，会让孩子的内在需求主导和改变生活，但孩子越来越大，你得慢慢倾听自己内心的声音，因为**孩子是敏感的接收器**，他会感受到你好像不快乐，为了让你开心，也许是再度恢复活力或转移注意力，惹出更多行为问题跟你互动，借此希望你可以转移原本的不快乐，殊不知这会让你更烦恼。当我们开始练习"好好回应自己的感受"，孩子自然而然就会学习照顾自己的感受，习惯内心被回应和照顾的好感觉，人往往是在好的感觉中慢慢改变的。而作为主要照顾者，当我们内心的小孩被照顾到了，自然而然就有余力照顾眼前的孩子，所以"对着孩子吼叫"是内心受挫的信号，也是求救的声音。

身体的总动员是属于"直觉式"的神经激发，更是身体的记忆总动员，而这些激动的反应，都来自我们最原始的恐惧和担忧。这些激动的反应有来自现实的压力，也有过往的。

所以，如果我们每天在回家之前，帮自己养成列压力清单的习惯，就能将压力"油水分离"，将它们作"家内"和"家外"的区隔，你的生活才不会什么事情都混在一起，旁人也不会觉得你歇斯底里、莫名其妙。

恒温妙方 亲子日常记录表

我们可以试着做"亲子日常记录表",再搭配"电量指数表",来了解你与孩子相处时,一天当中的心情起伏,通过这一点,可以发现亲子间的内在需求。做这件事的重点在于**观察孩子的需求如何影响他的情绪变化,又怎样间接引发你的情绪变化。**

第11页中的表格是我们家一天的生活,由于我们家是两个孩子,有各自不同的需求,所以时间上的弹性调整很有必要。顺利的话,孩子一次可以睡两三个小时,下午再带孩子到户外观察自然植物,在小区骑车、跑跑跳跳,消耗一下精力等。

做完记录表之后,我才发现"父母电量"这一栏,中午过后我常处于电量低的状态,因为两个孩子午睡的时间是错开的,导致我完全没有时间休息,下午一点和下午六点半左右,我通常处于身心非常疲惫的状态。晚上因为要带孩子吃饭还要洗碗,延误了我吃饭的时间,使血糖降低。父母的电量低,就更容易进入疲惫临界点!

记录与孩子的日常互动，找出疲惫临界点

做出一整天的日常记录表，搭配最后一栏的父母电量评分，可以帮助我们窥见自己的电力状态，观察自己如何因为生活琐事慢慢没电的。而当我们在一天的疲惫后还想以孩子为主的时候，就更容易让自己进入崩溃的状态。**日常记录表帮助父母"让身心状态变得可见"**，如此一来就能调整作息，以便兼顾自己的需求和孩子的需求，达到双赢的最佳状态。

无论你是全职家长、在职家长或者只想做假日的日常记录表，都没有关系，最重要的是观察自己一整天和孩子的互动，找到自己和伴侣的疲惫时刻，及时帮对方补位，成为"除了正视孩子需求，也正视自己需求"的家长，如此，才能和家人正确沟通现在的电量和状态，在育儿这条路上走得长久。

现在，我也邀请你记录下你们家的日常，尽可能将一整天孩子的真实反应记录下来，通过表格，观察孩子在一天当中，什么时候特别容易情绪化，了解他在一天的时间里，何时能量特别低。如此一来，也能够间接了解孩子所表现出来的行为，像特别容易哭闹、特别容易生气等，是他的生理需求所导致的行为，并非针对你。除了孩子，通过表格，我们也能够明白身为父母同样有处于能量特别低、情绪较差的时候。

时间	9:00	9:00~10:30	10:30~11:30	11:30~12:00	12:00~13:00
孩子的活动	起床、喝奶、换尿布	到户外或阳台进行活动	一起准备午餐（弹性）	弹性备餐时间，切水果或等餐点煮好	大宝想睡觉，二宝起床活动
孩子的需求	饥饿、生理需求	音乐唱跳、放松、阅读	好奇妈妈在忙什么或持续专注于自己的事	其实是有点饿了，吵着不要吃饭或想睡觉	孩子吃饱了，稍微疲累，逐渐进入午休状态
孩子当时的心情	稍微不耐烦	兴奋	兴奋但稍微疲惫、饥饿	疲惫、想睡觉	疲累、情绪上来，较易吵闹
父母的回应	满足孩子的生理需求	对孩子早上想要做的事情做出回应	视情况而定，可以邀请孩子一起择菜、洗米、洗衣服清洁、洗奶瓶等；若孩子无法协助家务，则拿出贴纸、穿线等手工工具，一边进行，一边亲子聊天，兼顾双方需求	尽快备完餐，协助孩子食用，鼓励孩子自主进食	提醒自己不要专注在孩子情绪化的状态里，满足孩子需求的方式就是回应情绪，让他们尽快入睡
父母电量 0~5分（5分为精力充沛）	2	3	4	4	2

时间	13:00~15:00	17:00~18:30	18:30~19:30	19:30~20:30	20:30~21:30
孩子的活动	到户外或阳台进行活动	带两个孩子去公园或小区玩、骑滑板车	带两个孩子吃晚餐	给洗澡、讲故事、陪孩子玩	讲故事，慢慢收心准备睡觉
孩子的需求	一个想睡觉，一个想玩	想玩但有点饿	饥饿	可以玩，但不可以太激烈	享受亲子时光
孩子当时的心情	大宝昏昏欲睡，情绪崩溃；二宝精神饱满	通常这时候两个孩子都很开心，但妈妈快没电了	烦躁	兴奋	慢慢准备睡觉
父母的回应	将大宝哄睡，带二宝进行活动	带两个孩子出门和其他小朋友交流	准备晚餐并带两个孩子吃饭	满足孩子的身心需求	将家里的灯光逐渐调暗
父母电量 0~5分（5分为精力充沛）	2	1	2	2	1

DAY 亲子日常记录表（上午）

时间	9:00	9:00~10:30	10:30~11:30	11:30~12:00	12:00~13:00
孩子的活动					
孩子的需求					
孩子当时的心情					
父母的回应					
父母电量 0~5 分 （5分为精力充沛）					

第 1 章 恒温父母之路，帮孩子长出韧性

DAY 亲子日常记录表（下午）

时间	13:00~15:00	17:00~18:30	18:30~19:30	19:30~20:30	20:30~21:30
孩子的活动					
孩子的需求					
孩子当时的心情					
父母的回应					
父母电量 0~5分（5分为精力充沛）					

恒温妙方
父母电量示意图

这张父母电量示意图非常好用，我在讲座中常会让父母时时感受一下自己的电量，在我们要孩子有自觉（自我觉察）之前，父母常是最不关心自己的人。建议大家可以将父母电量示意图打印出来，贴在家里面可以常看到的地方，当自己电量低的时候，可以指给孩子看并与孩子沟通自己的电量状态，也协助孩子逐渐学习觉察自己的电量，这是增加亲子沟通的好用工具。

0	1	2	3	4	5
完全没电，筋疲力尽	电力闪烁，快要没电	尚可	电量普通	电量够用，精力尚好	电量满格，精力旺盛

16　恒温教养

父母充电回血必备！

锻炼"自觉力"的好方法

当你感觉电量低时，可以依照你的习惯寻求补充电量的方式，例如：

1. **找抒发**：打电话或用社交软件给三个朋友留言。
2. **买东西**：打开购物 APP 买东西转移注意力。
3. **找帮手**：找附近可以协助自己的帮手。
4. **找同辈**：外出和其他妈妈一起带小孩、聊天交流。
5. **来看书**：看教养类书籍，帮助自己增加知识。
6. **一句话**：告诉自己"孩子总会长大的""总会过去的，要对自己有信心"。
7. **提效率**：提高工作效率，全身心投入工作，帮助自己减轻工作压力。
8. **找乐趣**：做甜点、料理，带孩子参加活动等。
9. **用资源**：带到亲子馆遛小孩或者使用点读笔帮你给孩子读故事，作为你的神救援。
10. **吃东西**：吃自己喜欢的东西，让心情放松，开心惬意。
11. **其他**：_____（由你来填入）。

孩子为何无理取闹？
看懂哭闹行为背后的
心理诉求

最早提出"依附理论"的学者约翰·鲍比将孩子跟父母的关系分为"安全依附"和"不安全依附"。"安全依附"的孩子，能确切地预测出父母接下来的反应，所以容易正确推断父母目前的状态，加上父母可能会"透露"或"说明"，让孩子对接下来被对待的方式有预期，故形成"安全依附"。

当父母的回应无法预测，孩子无法推断出自己和主要照顾者互动的模式，就容易产生"不安全依附"，包括焦虑型依附、逃避型依附和混乱型依附，这三种依附模式，也正是孩子在原生家庭中的生存策略。

恒温妙方　建立安全感的七大密码

延伸这套依附理论，在孩子与父母互动的一来一往间，会慢慢建立依附需求。而依附需求的彼此满足，就是父母与孩子建立安全感的密码。

1. 我是重要的吗？
2. 我会被抛弃吗？
3. 对于情境我是有控制欲的吗？
4. 我是不被拒绝的吗？
5. 我会被优先照料吗？
6. 在你眼里我是最独特的吗？
7. 我会被接受吗？

＊回忆一下，每次你和孩子起冲突时，各自最介意的是什么呢？

当父母想要孩子听话的时候，也是基于这些需求的满足与否，来决定焦躁的程度。仅仅是第三点就足以让孩子和父母怄气或产生争执。

例如，孩子想要你陪他睡觉，但是这时候你只想先把手边的碗洗好，结果引来孩子抱怨"你都没陪我"，你会不会因此感到委屈、伤感而愤怒，觉得脾气就要飙涨上来了呢？如果你已经忙了一整天，当下也十分疲倦，觉得孩子在乱发脾气，情绪就更容易失控了。

其实我们每次对孩子的控诉，都是因为你把所有的爱给了他，却感到不被珍惜，进而也把孩子无意识的"抱怨"放大了，内心失去了平衡，只觉得牺牲得不值得，**此时也代表你必须停下来留一些爱给自己，因为唯有"找到对自己的爱，我们才有力气爱孩子"**。

每个心情都是通往"内在"的入口

人在压力环境下,容易只剩下三种应对模式:逃避、奋力反击、逃走。所以,我们在回应之前,得先承认自己的压力状态是"孩子的哭闹让我压力很大""孩子的情绪化,让我感到害怕"等,当我们承认有压力这件事,才能对下一步保持觉察,知道自己正在选择哪一种方式应对!

你认为一个家庭当中,父母的表达能力比较好,还是孩子的表达能力比较好呢?大多数的答案都是父母。但是,在父母有生理需求时,也可能做出令人后悔的回应。例如,当妈妈很想睡觉,她的需求跟孩子是一样的,但是为什么后来她不想陪孩子睡觉了呢?原因就在于,此时父母的能量也很低,当孩子的行为让父母感到委屈、不公平时,就容易跟孩子赌气。

这样一来,孩子说出的话即便是"中性刺激",都容易引发另一个人未被满足的需求。**其实很多时候,父母和孩子彼此给予的言语刺激都是中性的。但是当我们有压力、被生活琐事压得喘不过气,再加上依附需求得不到满足时,就容易引爆情绪。**

一句再平凡不过的"该睡觉了",也可能引发亲子战争。追本溯源,我们先来拆解内心的压力,理解自己今天真的好辛苦,才有机会跟孩子分享你目前的处境和担忧,寻求孩子的合作和理解。

恒温妙方　拆解压力毛线球

我们来仔细回顾一下刚刚的场景,通过图示可以看出行为背后,孩子和妈妈所展现出来的需求。

晚上九点多,爸妈已经疲惫得说不出话了,加上工作尚未完成,原本应该在九点前上床睡觉的孩子还在蹦蹦跳跳,爸妈叮咛一句:"该睡觉了!"这本来是一句很中性的话语,却引发了冲突。

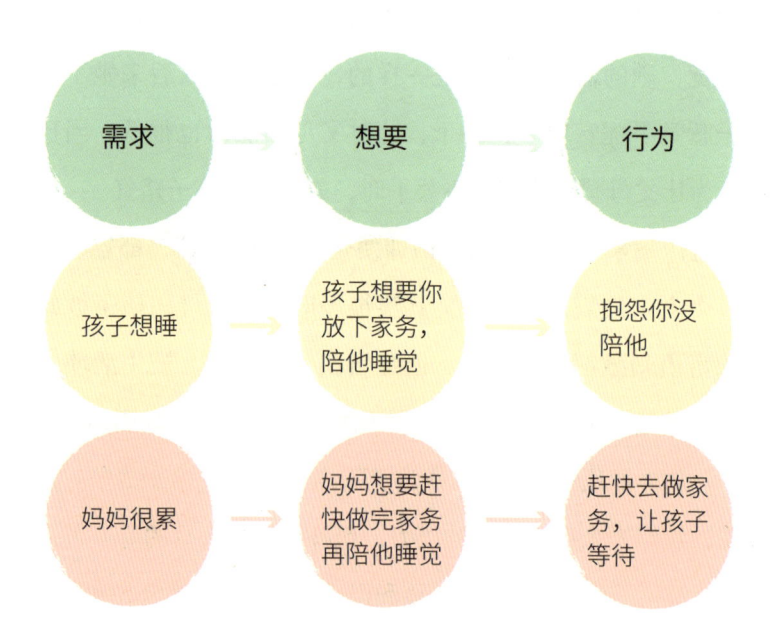

需求	→	想要	→	行为
孩子想睡	→	孩子想要你放下家务,陪他睡觉	→	抱怨你没陪他
妈妈很累	→	妈妈想要赶快做完家务再陪他睡觉	→	赶快去做家务,让孩子等待

这时候如果孩子不肯配合、想继续玩，甚至哭闹时，父母内心的空间会瞬间被压缩，我们来看一下内心可能有哪些压力：

压力1：孩子该睡觉了，但讲了几百次还是不听。
压力2：一整天工作疲惫不堪。
压力3：看到家里乱七八糟。
压力4：明天还要面对难搞的老板。

如果你心中的底线是"耐着性子讲完三遍"，当孩子还是不听话时，就很想大声训斥"我已经跟你讲了很多次，为什么要这样折磨我"这类的话，换来的结果是孩子感到莫名其妙，觉得爸妈突然凶他，接着就会大哭起来，他的感觉是："妈妈很凶，我好害怕！"

原本要求孩子的语句	+内心压力1	+内心压力2	+内心压力3	+内心压力4	+内心压力5
该睡觉了！	从早上开始就不听话！	他就是故意和我作对	管理费和家庭支出过多	育儿队友回家晚	明天有报告要交

注：觉得有压力就可以列入。

所以，当我们骂孩子的时候，心中早已埋藏着许多压力，看似张牙舞爪的背后，实则充满无助和难受，感觉自己被逼到墙角，无处可去，然而当我们越凶，我们的无助和恐惧就越多，最后反倒让你变成了自己不喜欢的样子。

唯有了解自己，接受自己当下的状态，在教养的过程中，才能够还原原本的诉求。 而这些压力的来源，有些来自现实的焦虑，有些来自过往的心结。假如我们将过去和现在绑在一起，就更难聆听到别人的需求，反而将自己捆绑在过去的时空。

现在，请你也试着做一下"拆解毛线球"的练习：

原本要求孩子的语句	+内心压力1	+内心压力2	+内心压力3	+内心压力4	+内心压力5

当我们感到不耐烦、心里有压力、有烦恼，都需要停下来"被聆听"和"被了解"。如此一来，亲子关系就不会因为需求得不到满足，而彼此"纠缠"。每个心情都是通往"内在"的入口，正视自己的需要，才能维系良好的亲子关系。

温和设限,
能助你恢复理智

真实的孩子
和理想中的孩子

我们在养儿育女的过程中，很容易把曾经对自己的期望不自觉地投射到孩子身上，下意识地想看到孩子明显的"进化"，就算孩子不能完成，也要求他们不能退步。这时候的父母便容易失去观察和倾听的能力，也忘记了了解孩子的基础点以及适龄教导是最重要的这一项。

孩子们即使了解父母的愿望和期待，也不一定做得到。这种"想做却做不到"的心情，就是亲子关系亲密与背离的双刃剑。

孩子若不知道父母心里正在上演什么样的戏码，可能会有"爸妈好唠叨""爸妈不相信我""只想讲他要讲的""又来了"等埋怨，反而增加了亲子之间的隔阂。

父母也会感到难受、挫败和气馁，但往往用生气来表达，我们必须在此时停下来，往内感受这些被激发的情绪，只要先按下暂停键，激动的行为其实是理解自己最好的入口。

通常这些触发点都是过去某个情绪的记忆被引爆，而当下的失控情绪和应对方式，就如同此前经历的情境再现。

父母的心里其实有"两个孩子"

从心理分析的观点来说,在父母心中,其实孩子有两个样子,一个是心里期望孩子的样子,一个是实际上孩子表现出来的样子。

真实的孩子是你眼前,这个只有两岁、三岁、七岁、十四岁的孩子。孩子依据内在的发展速度,从外观和能力上表现和反映出成长速度,这是他真实的发展历程。还有一个是"理想中的孩子",也就是在你成长的过程中,没有解开的心结,被拿出来放在你对孩子的期望里了。

在成长过程中,父母都对我们有过要求,当我们符合父母的要求,就会得到爱、关注和肯定,这是有条件的爱。**我们会在这样有条件的爱之下,拿捏自己可以表现出什么样子;如果我们不符合这些标准,而是违逆、违抗、反叛和违背,可能保有了自己,代价却是失去爱、关注和肯定。最后,连有条件的爱都失去了,这是孩子在成长过程中最大的恐惧。**

有一位母亲曾向我咨询,她表示有好几个晚上她陪孩子写作业,可是孩子依然把字写得歪七扭八。当时,她把孩子的作业本撕掉,要求孩子重新把作业抄在白纸上。

她说，自己已经不要求孩子的成绩好了，那么，孩子怎么还把照本宣科抄写的部分抄得乱七八糟？这是她无法接受的，她认为孩子是故意的。在她的心里，孩子要做到基本要求，那就是抄写得顺畅，跟别人看起来一样。

当孩子连抄写都敷衍带过的时候，她打心里觉得孩子不及格，认为他不像自己的孩子。这时候，她是在跟心里面所预期的"她的小孩"过意不去，而行使了严厉的惩罚。所以我们的望子成龙里面，都有属于自己的独特成长故事。

你的孩子，不只是你的孩子

很多时候，我们对孩子的期望，其实是针对内心预期的孩子，而不一定是面前真实的孩子。

你是否曾经有过这种体验，我们的眼睛望去，眼前的孩子不是他自己，他的眉目像先生，脸蛋像你，这些生理的遗传决定了孩子的外貌，但或许在无意识中，更深刻的是，你看见了自己身上不喜欢的特质、在先生身上看不顺眼的习惯在孩子身上表现出来。

"如果你够勇敢就好了""如果你够聪明就好了""她很精

明，只可惜不是男孩"这些被挑剔、被不满意、你曾经急欲躲藏的阴影，你都不想在孩子身上看见，所以急切地想抹除孩子不勇敢的时刻、不聪明的判断、挑剔他生理根本无法改变的特质和长相，你复制的不只是让孩子感到被挑剔的亲子关系，还有羞愧地想藏起来的自我对话。

"拜托你不要造成别人的负担，好吗""不要给别人找麻烦""不要这么爱生气""不要这么爱享受"，如果不是通过自我审视，你又怎能知道我们脱口而出的这些语言，有多少是我们跟孩子说的话，其实是当年我们小时候被父母指责的特质和表现，这些穿越时空的禁令，在此时正用不同的包装和语言重新上演着。

过往时空中的内心禁令，就是早年我们因为渴望被关注、被喜欢、不被抛弃，所发展出的家庭中的生存方式。这些方式没有对错，但可以想想，事过境迁，在现在的时空还受不受用？哪些符合孩子的成长阶段和现况？哪些不符合现况需要修正？

你心中是否也有"如果我……就好了"的心愿呢？如果我会弹钢琴就好了，如果我够精明就好了，如果我不这么爱生气就好了……这些父母下达的禁令和希望你配合的愿望，从未消失。而我们对孩子的语言和表达，也常常透露出这些我们内心期望他们完成的事，这是人之常情，只是**我们也要反思的是，孩子是独立的个体，并非来完成我们愿望的继承者。对孩子的期待，父母应保持警惕，厘清哪些是自己未完成的期望，哪些是属于孩子现在正要学习的课题，这门父母的功课，会持续到孩子成年以前！**

依据精神分析大师弗洛伊德提出的人格结构理论，做出以下解释：

> 超我：被教导的良知与内在的道德判断，社会化及理想化的自己。
> 自我：理解超我和本我的部分后，整合成自己的生存模式。
> 本我：自己最原始的欲望和渴望，以快乐为原则。

父母的期望要放在"超我"里

我们从小接收到的要求，并不一定符合我们的发展阶段，大多时候都是"哥哥姐姐都这样，你要像他们那样，学点好的"或是"哥哥姐姐很坏，不要像他们那样"，再不然就是"隔壁的小明都可以考100分，你怎么不行""你上这么多补习班有什么用，还不是白花钱"。此时孩子会误以为，在父母眼中，他们的价值只体现在分数和行为表现上而已。

"超我"有时候会因为孩子能力的限制，身体素质及心理发展未成熟等因素，未能达成。这些父母期望中包含自我规范、道德的概念，还有未满足的自我要求，都存放在"超我"一栏里，在教养的过程中，被投射到孩子身上。

唯有通过父母的观察和分享，才会知道哪些是加诸在孩子身上的期望，哪些是现实的焦虑以及孩子所面临的危机。如果是孩子面临的危机，当务之急是针对问题找出答案；如果是想象中的担忧，跟孩子分享才是拉近彼此关系的关键。

你可以将自己这三天跟孩子说的话记录下来，听听自己最常要求孩子什么。将这些内容放进以下表格，你就会有不同的发现：

人格	名词解释	父母平日话语
超我	"超我"是人格结构中最高层的部分，包含社会化、道德观念的输入、父母的期望和价值观等内容，它也是人格中自我期待的最高原则，不但可以对"自我"发挥监控作用，也与"本我"的原始状态是完全对立的，所以它也可以对"本我"我行我素的状态进行抑制	"你要成为善良、有爱的大人呀！"

人格	名词解释	父母平日话语
自我	"自我"是人格结构的中间部分,能协调"本我"和"超我"之间的矛盾,整合成符合现实、判断出最合常理的状态来处理现实中的危机。幼儿从关注自我到判断父母的期望,逐步寻求中间路线,整合协调出一个自我的人格状态,学习如何用合理的方式满足需求。父母若能在这个过程中,逐渐回应孩子的本我并协助孩子掌握现实状态及父母期望的超我信息,孩子便能更稳定地整合出自己喜欢且能做到的自我状态	"你能维护自己的感受,又为同学着想,妈妈为你感到高兴!"
本我	"本我"在人格结构中处于最底层,是与生俱来的以自我为中心、以寻求愉快为原则的内在驱动力。婴幼儿时期的孩子便是本我无限大,运用本我驱策他人满足自己,是一个人最不社会化、最不理性、最原始、最冲动的部分	"不要只想着自己!""不要只想着玩乐!"

恒温妙方 反应式倾听

"我知道你现在很×××,但是现在的状况是 _____,所以你可以选择1. _____;2. _____。"

孩子如果陷入犹豫或挣扎,可由父母帮他选择。

"也许你现在拿不定主意,或者由我帮你选,增加你的勇气 _____。"

坦率表达情绪，有助于建立界线

在养儿育女之前，我们都自恃是有教养的人类，离孩子的"兽性"很遥远，但育儿之后，发现高估了自己。

有很多背负着罪恶感、羞愧感，偷偷来找我咨询的父母，常因压抑忍让，从不让孩子知道自己在生气，如此选择的原因有很多，可能是因为在自己的成长经历中学会了回避冲突，害怕破坏关系，又或是有些完美主义，总压下自己的怒气，认为不要大声朝着孩子吼叫才是对的。直到孩子丢掉他们的平板电脑、偷拿信用卡盗刷、将公文包从楼上丢下去，他们才因为惊恐或担忧前来咨询，一股脑儿地发泄出来，感叹："我真是受够了！"

我问他们："你怎么跟孩子表达'你受够了'呢？"

他们回答："我要尊重他，所以不能说啊，连说都不能说，不然就报警，我该怎么办？"

其实，有目的性的吼叫有助于帮助孩子建立界线，尤其是对于已经可以判断是非，却故意犯错的孩子。

我们回顾一下，自己当时为何想要吼叫？先接纳你内心真实的狂躁，这些情绪让你想用嘶吼来表达，一定有非常重要的原因。

教养时习惯性吼叫，会让孩子失去依附联结

孩子不配合常让父母感到生气和担忧，所以在下一次制止时，父母的生气反应就会更加强烈，可以确定的是，父母越吼叫，其内心就越受挫。受挫的原因是"他到底怎么了""为什么不听话""我该怎么办"等。还原父母内心最深处的恐惧，不外乎担心失去孩子，害怕孩子受伤的强烈危机感。危机感启动大脑机制，又不确定孩子下次是否遵照指示，就变得唠叨了。

这些不听话的情况通常就发生在孩子做不到时，加深了恶性循环，变成了父母的地雷，认为孩子不可信任，当孩子"没做好，又不配合"时，就引爆了地雷。父母们吼叫、恫吓、威胁，是为了告诫孩子必须暂停某种行为，恫吓的目的是让孩子了解父母很介意他们的某种行为。如果吼叫又启动了孩子的防卫机制（逃避、辩解、否认等），教养的效果就会大打折扣。

经常用这样的方式对待孩子，会让他们仿佛处于平行时空。最可惜的是，孩子会放错重点，因为你的情绪而误解你，更深层的是他害怕你对他失去信心、害怕你因此错看他、害怕失去你，最后失去了依附的联结。

如果基于自我要求，对孩子暴怒、吼叫，这些都是父母感到受挫的求助和呐喊。"我们无法在人溺水的时候（当育儿失去

方向、管教时出现自己童年的叠影）教他游泳。"所以，我认为父母的负面心情其实是一种求救信号，而每份心情都值得被了解和听懂。

解析现实的危机和想象中的危机

父母难为，通常我们在进行管教时，情况是需要区分的。最简单的是区分"你和孩子两个人在一起"以及"旁边有外人"这两种情况，情况不同，你的教养方式也会不同。加上这个外人跟你的亲疏远近、了解你的程度，会不会对你造成误解，对你是助力还是阻力，都可能会让你在教养过程中采取不同的方式。更何况有些时候的情境，是危机正在眼前，要采取必要措施，如带离、怒斥、训诫等，父母内心紧张加上现实危机四伏，这就需要采取必要措施。

还有就是父母内心想象中的危机，例如"旁人怎么解读""孩子现在就这样，将来怎么办""天哪，我居然跟我爸妈一个样，我会不会给孩子造成创伤"等，这些父母内心的小剧场，是需要被厘清和照顾的。

A 现实的危机

对父母来说,在危急时,大声呵斥孩子停止行为是有必要的。例如孩子感到好玩,要从高处跳下来;或是爬到高处、跑到厨房打开燃气、挣脱父母的手在马路上奔跑等。

通常在这样的危险情境,父母呵斥之后,就会将孩子带离现场,然后根据孩子的年龄给予教导。

B 想象中的危机

假如孩子不介意父母心里的担忧,而你却十分介意,这些大概率是父母想象中的危机。

例如"他如果再这样下去,一定会完蛋""他如果再这样下去,人生就毁掉了""我的孩子才不会去做这种事",这些心里的防卫或者担忧,都是帮助我们生存下去、不让情况变得更糟糕,所发出的信号。

如果孩子的年纪小于四岁,需要先给自己打预防针,心里先预期同样的话语可能需要说超过二十次。因为孩子的心智年龄还小,情绪调节能力不足,缺少专注力,危机感与大人完全不同步。对他们来说,直接带离、转移注意力,加上不断重复的温馨叮咛才是最佳做法。

恒温妙方 用爱设立界线

三岁以前的情绪记忆，对孩子来说很模糊，但却有益，虽然执行带离时，会让父母承受孩子放声大哭或其他更激烈的反应，但别忘了，父母身兼"情绪调节器"的角色。

不要想着未来，也不要想过去到底叮嘱了几次，因为孩子们还要再来一百次。这种承担不起后果的真实危机，对父母的考验就是活在当下。当我们了解危险可能付出的代价，甚至有现实的危机出现，其可行方法如下：

1. 先制止。
2. 将孩子带离现场，了解原因。
3. 告诉孩子现实层面的危险。
4. 告诉孩子你的担忧和恐惧。
5. 告诉孩子你多么重视他、不能失去他。
6. 期望并教导孩子下一次要如何做。
7. 如果做不到，父母怎么帮助他。孩子超过三岁可以这样问："你要我怎么帮助你呢？"并提供选项供孩子选择。

下一次，当我们看见身边的人失控，先别太快下定义或将问题简单化。因为通常主要照顾者会失控，也有重要的理由，值得被了解和照顾，例如以下原因：

> 1 外界压力。
> 2 自我生活调适出现问题。
> 3 对教养方式的焦虑或恐惧。
> 4 对孩子未来的担心。
> 5 环境中感受到的压力和他人的目光。
> 6 疲乏但说不出口的内心状态。
> 7 不被了解的痛苦。
> 8 担忧自己做不好又被误解的恐惧。
> 9 现实生活的压力没有被释放和处理。

最后才有可能是 10——对于教养方法的缺乏。当我们学习了许多方法，却使不上力的时候，父母内心的困顿被理解后，才能撑出内心的空间，装下孩子的需求和渴望。

恒温教养启示录

记得上次我对孩子怒吼,跟生存危机有关。我们家有两个孩子,车子后座被两个安全座椅占满了。当时的情况是这样的,在台北车来车往的道路上,我要把停在路边的车移走,两个孩子必须上车,右侧是二宝,左侧就是大宝,当时两岁多的大宝希望能用自己的方式慢慢爬上安全座椅。其实,平常我会让她慢慢爬上去的,那一天,因为她爬得很慢,又坚持要自己爬,许多公交车从我后面呼啸而过,我心里有很真实的恐惧,除了害怕自己被撞飞之外,更害怕两个孩子会目睹妈妈从眼前飞走。我看着她慢慢爬,心里完全没感受到她展现能力的愉悦,而是充满恐惧和惊悚。

她不仅爬得很慢,还要逗我玩,我不耐烦地说:"你可以爬快一点吗?你知道妈妈正冒着生命危险在这儿等你爬上去吗?"一开始她自顾自地爬着,后来还一边玩,一边想练习扣安全扣,再爬上去。又是一个绿灯,我脑袋里又出现了跑马灯,瞬间我很大声地跟她说:"你看,妈妈身后有很多公交车,你可以选择赶快爬上去,或者我把你拎上去。"她继续自顾自地慢慢扣,我说:"看来你已经选择了我帮你。"于是我把她拎上去扣好安全扣,结果当然就是她哭闹乱踢,在这一个半小时的回家路程上,足足哭了一路。

　　这一路上,我的内心也百转千回,感到纠结、煎熬,我跟她解释:"你一定很不解又困惑,觉得妈妈不相信你,可是情况不一样,如果地点是在停车场或是爷爷奶奶家的话,我就会让你慢慢扣,我愿意相信你……所以,下次我跟你先约定好,好吗?"事情当然没有这么顺利,她继续哭闹到回家了还不停止,那天晚上,我感到筋疲力尽,对自己有各种懊恼和不满意,但是事过境迁想想,如果可能会赔上自己的性命,甚至是我和孩子的生命都会陷入危险中,任谁都会选择果断地为她做决定。

　　父母要正视自己内心的纠结和恐惧,才有办法做到"恒温",这次事件过后,我更加笃定地坚持"恒温预告➡恒温执行➡说明刚刚的情况➡让孩子了解后果"的教养处方。

　　我们提到的孩子对于行为后果的自觉,无论是自然后果或逻辑后果,都应该是基于安全的基础之上。如果父母或孩子有危险,或者要花时间训练才能生效,这些都不能使用自然后果让孩子学会自觉,所以,如果影响照顾者和孩子的人身安全,就不适用"后果法"来养育孩子,反倒应立即反应并有所行动,协助孩子和自己都在安全的处境,才是上上之策。

教养别追求完美

不管是什么后果，都比不上失去孩子这件事更危险，这时候，父母要正视自己的恐惧，过程中也许会大声呵斥或不遂孩子的愿，等到事后，双方都冷静下来时，再好好向孩子解释，相信孩子一定能够理解，因为那样做无关尊重，而是攸关生死。在生死存亡之际，就无关逻辑或是自然后果，当下只想表达而已。**"教养"本身就不是完美的演出，孩子的早年也会被我们影响，父母总想确保不论我们做什么事，或是说什么话，才不会对他们造成伤害。但这容易吗？要明白，父母内心的纠结，也需要被理解。**

一位母亲来找我咨询，她因为自己疏忽，差点导致孩子丧命。接受辅导的过程中，她说："我的育儿之路一直都很平顺，你知道我养过多少孩子吗？我'领养'过其他国家的婴儿，游戏里的孩子一个个都功成名就，可是，怎么他就这么吵呢？我只好戴上耳机，关上门让他哭个够。"这一关门，就忘记孩子还在房内，差点演变成无法收拾的惨剧。

这些对育儿理想化的状态，反而会增加父母不切实际的疯狂行为。所以，各位父母，当你感到崩溃时，没有关系，要记得承认自己的状态，并且多多关怀自己。

因为，在我们心里，成长过程中过不去的关卡，会在育儿过程中一再地被唤起，这些事情的发生一定有原因，当这些关卡没有过去，它就会在不同时期，变成越来越深的黑洞。当一个人心里的黑洞越来越深，就越害怕被别人看见，最后变得连自己都不敢再正视自己。

我们每个人都有着坑坑洼洼的人生，人生道路本来就是水泥地，不是平坦的跑道。因为是水泥地，所以我们就会有跨越、成长、进步、成熟、自主等各种体验。

当我们在育儿过程中遇上内心的坑洞，别害怕正视自己的恐惧及害怕，适时停下来陪伴自己，等有能量之后，再迅速帮自己"止血"，勇敢面对，不要过度打击自己。

恒温妙方　教养停看听

让你选择大声对孩子表达的原因是什么呢？
_____

假设孩子已经确切收到这些信息，你会如何改变表达方式呢？
_____

爱着孩子，也照顾了自己的内心

关于生气的『设限』

当孩子的表现不如预期，父母常会觉得自己的付出和收获不成正比；又或是自己压力太大，无处宣泄。有些父母则是觉得自己的努力看不到成效或尽头，感到心累。**如果父母忍不住想对孩子生气，一定是有原因的。温和的设限和明确的表达，能够帮助父母恢复理智。**毕竟对孩子来说，父母能直接承认自己的心声，比猜不透父母有效。

对孩子来说，他们有时候根本听不进去任何道理。即便你威胁和恫吓，对他来说只剩下"为什么你要生气""为什么你要那么大声"这些害怕的感受。

这些感受会被大脑边缘系统的海马区记忆，因为他担心你生气会没完没了，那么，他的生存就会有危机。

他跟那种只"关乎生存，无关道理"失焦的焦点、模模糊糊的感觉在一起的时候，特别容易放错重点，进而犯下更多的错误。最后导致的结果，又让他被更多的担忧包围。此时，他陷入自己行为的困境循环中，没有出路。

我们无法确定孩子下一次会不会再用不适当的方式表达需求，**但沟通可以还原一下你的想法和考量，同时在这种情况下，双方可以说清楚、讲明白，沟通自己的想法和对方的处境，也给下一次类似情况做了示范。**

孩子的表达力比不上我们，在这样的情况下，他们更需要我们停下来和他周旋、讲道理，还继续爱他，以便帮助他能停止无效"讨爱"的问题行为。

恒温妙方　协助孩子了解各种感受

孩子在生命之初，很难靠自己抵达"有自觉"的这一步，而我们得把对他的理解当作一面镜子，对他的行为、感受和想法做出回应，协助他寻觅出路。当孩子感觉到没有出路的时候，不但没有办法成长，更会与自己和身边的重要他人"失联"。

我们可以帮孩子说出他的担忧、恐惧等种种感受，更重要的是帮助他在了解并标志这个感受之后，拓展出对感受的理解，再协助他提供更多的选择。

记得 Emma 两岁四个月时问我："妈妈，你昨天为什么生我的气？"

我说："咦？没有啊，是因为什么事？"

Emma 说："有啊，因为我爬高高，而且还不吃饭。"

我说："既然你记得的话，为什么还要问我呢？"

Emma 只是笑了一下，后来洗澡的时候，她又重复问了我一样的话。我觉得好像哪里不对劲，于是问她："Emma，你问妈妈这么多次，是不是很介意妈妈生你的气？"

Emma 说："对，因为这样我也会生你的气。"

我说："嗯，宝贝，我了解了。你也不喜欢生我的气，所以心情卡住了是吗？不过，宝贝，那张椅子没有扶手，你又爬上去站着，你希望我怎么提醒你，你才能注意到这其实是很危险的呢？"

Emma 说："你可以过来抱我啊！"

我说："哦，所以你的内心是希望我能够过去抱你下来，而不是生气地喊你下来，是吗？"

Emma 说："对啊！"

我说："所以下次妈妈会直接过去跟你说'宝贝，太危险了，我要抱你下来了'，这就是我们的默契哦，你可以接受吗？"

Emma 非常干脆地说："可以！"

孩子内心的转变是非常迅速的,当我们和他商定好做法后,记得给他一点时间让他吸收,当我们相信孩子正用"自速度"消化这个信息时,彼此的信任感将在一来一往中被确认。

准备对孩子生气前,
请记得,
他当下的挫折
和我们一样多

你今天 PACE 了吗？

"以前我的爸妈都没有给我这样的支持，我给你了，你还不懂得珍惜！我真是傻子，对你那么好干吗！"当父母们责备自己，觉得委屈，认为自己被误解，说出来的话经常是："你为什么这么不听话？""你就是要害我是不是？"每一句脱口而出的话语，往往成了父母的怒吼。

当我们无法倾听时，得先正视自己内心的声音

这时候，不要说靠近孩子的内心了，你根本不想靠近他，只想躲在自己的世界自我疗伤，这些都跟我们心里内在运作的想法有关。

孩子不听话等于我很失败、我搞不定、我很糟糕这些联结，其实都是内在运作想法的负面声音。在育儿的过程中，如果我们跳到这个位置，就很容易自我挫败。

父母面对内心的不平衡考验

父母可以常反问自己:"五年后,我希望和孩子维持怎么样的关系?""他对我这个大人有什么观感?""为了心爱的孩子,我总是将自己的事情放在最后!""谁能和我一起分担照顾孩子的责任?"这些内心的呼求,都是我们在向外界求援。父母需要的是从别人的口中说出他们所付出的心血,尤其需要自己的付出被珍惜,所以,当父母内心震荡,通常都有事情发生。这些事情多数跟孩子无关,可能跟自己的成长经历有关。

在这个高度焦虑的时代,育儿时,我们得正视这些声音,允许自己偶尔偷懒、允许自己赖皮、允许撒娇,通过游戏找回探索和好奇的态度。我们通常都想给孩子自己过去没被满足的事物,而以下四个面向,可以评估父母有没有心理空间与孩子重新靠近,也可以平衡自己的内心震荡。

用 PACE 了解孩子的内心世界

国际知名的治疗师、训练师丹尼尔·休斯(Daniel A. Hughes)

在《照顾孩子的有效策略》中曾经提出，父母拥有PACE的特质，是修补和建设内在需要的零件。

什么是PACE呢？PACE是指Play、Accept、Curious、Empathy，拥有四个层面：好玩、接纳、好奇、同理。在子女成长的过程中，父母利用PACE的特质，就比较容易以安全的方式深入孩子的内心。

现实生活中，已为人父母的我们不一定都有美好的童年，或是因为工作忙碌而无法陪伴家庭，抑或与伴侣之间有嫌隙，都可能造成彼此之间的小裂痕。唯有通过陪伴孩子的时光，以上述这四种态度了解孩子行为的动机，修补得当，孩子才会生成韧性。

恒温妙方 你和孩子也PACE了吗？

1. 你具备了哪些项目，请勾选
   - 好玩有趣　　 接纳自己及对方　　 好奇心　　 同理心
2. 你的孩子具备了哪些特质，请勾选
   - 好玩有趣　　 接纳你及他自己　　 好奇心　　 同理心

> **恒温妙方** 父母教养时，内心失去弹性的原因：

> 1. 你过去的成长经验未被满足。
> 2. 现实中感到受挫。
> 3. 孩子不听话，不按照我们的期望成长。
> 4. 身边另外的主要照顾者支持与否等。

孩子通过我们的回应，对自己的情绪、想法、期待、意图、知觉和记忆都会变得清晰，孩子也更加了解自己为什么做出这样的行为。

父母们必须回到自己不平衡的真实心声，去正视究竟是什么让我们感到不值得、无助、匮乏、不被珍惜等，因为这些都跟眼前的孩子无关，而跟自己有关。试着和自己的内在相处，觉察自己的真正需求。

亲子之间怎么总是在『平行时空』？

孩子最想讨好父母的时候，通常是在他们触怒父母或是无法达到父母要求的时候。而父母怎么在他们内心建立安全感，其基础就在于当孩子无法摆平内在冲动时，如何回应他。

对孩子来说，他们的内在有着一波又一波无法解释的冲动和需求，在内心一团乱的状态下，他们的情绪会较为激昂。而人处在激昂的情绪状态时，认知能力就会降低。此时，让他们困扰的点就会变多，变得更执着、固执、不讲理，加上未能被理解，对父母的埋怨就会累积，如此一来，就造成了恶性循环。

这时候，他们会抱怨你的要求、回绝你的期望、做出和你期待相反的事情，或者用行动告诉你，他们不再是你想象中那样的小孩，造成亲子关系紧张。

当孩子抱怨"父母不为自己着想"的时候，其实孩子理智上也知道，父母绝对不是他们抱怨的这样，在健康的关系中，他们会一边抱怨，一边还是想要撒娇，像是赖皮或是占父母的便宜。孩子们也会感受到即便白天父母对他发火，睡前也可能对今天过激的态度感到懊悔。

平行时空的状态

在安全的亲子关系中,即便吵吵闹闹,也不必担忧断绝关系,这种亲子关系就在这样的拉拉扯扯中,展现出亲密的样子,亲子关系没有完美的样貌,只有完整的样态。

如图所示,父母和孩子常处在平行时空的状态,是因为父母有所谓的过往经验可以参考,而孩子却没有太多过往经验,光是应付自己的情绪就有的受了,很难再腾出空间装下父母过多的纠正和指责。

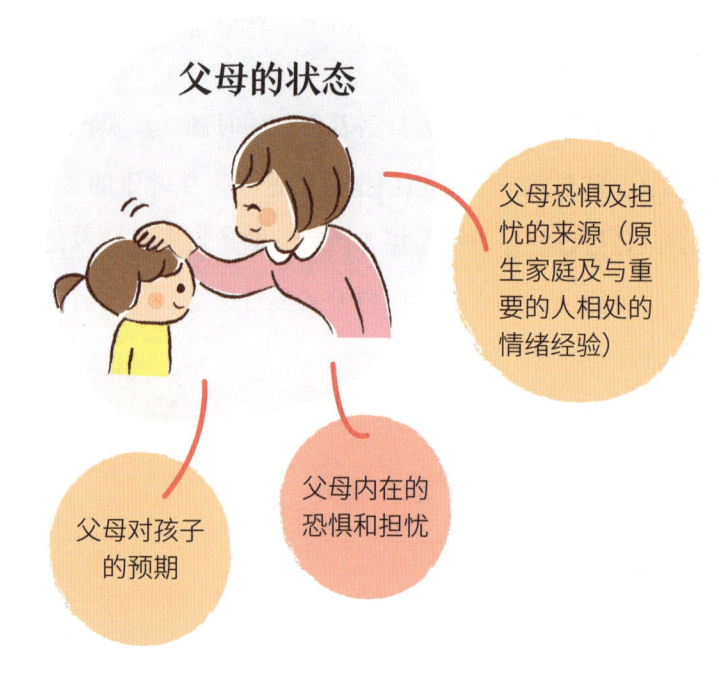

父母的状态

父母恐惧及担忧的来源(原生家庭及与重要的人相处的情绪经验)

父母内在的恐惧和担忧

父母对孩子的预期

孩子的经验

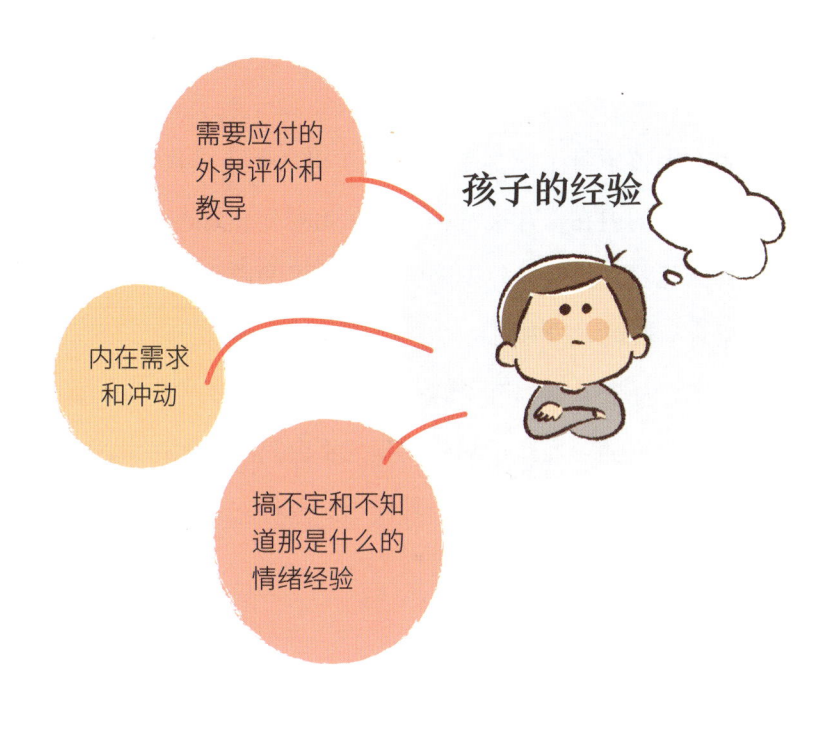

- 需要应付的外界评价和教导
- 内在需求和冲动
- 搞不定和不知道那是什么的情绪经验

和孩子当下的状态共处

在"叙事治疗"中，有一个观点叫作外化，帮助我们界定孩子的状态像什么，例如生气的状态像一只老虎，此时父母可以询问孩子"那只老虎什么时候会出现""老虎在保护什么""怎么帮助老虎获得平静"，如此一来，亲子可以一起合作处理老虎的情绪。下次孩子生气时，也可以和孩子再次联手渡过情绪关卡，我们才不容易与孩子怄气，在教养上也更有创意与弹性。

大人在孩子身上施加了成人的期望,会造成孩子的反弹,这是因为他的内在一片混乱,很难在此时分心处理外患。而父母为什么无法在这时候停下来听一听孩子的内忧,往往是因为父母也有未被理解的内忧。

其实,每个父母都有了解孩子、愿意为孩子付出、对孩子有办法的那一面。而孩子对待父母,不会只有一种回应,父母对待孩子,也绝对不是只有一种样子。父母的苦恼,就是找不到和孩子当下的状态共处的方式。

恒温妙方　与孩子沟通不卡关

请依据下列表格,记录亲子互动"卡关"的时刻,并且感受此时你的情绪、选择的行为、过往的经历有没有类似的记忆,并记录下来。

你和孩子互动有哪些卡关时刻呢? 卡关的意思是有较起伏的情绪。			这个行为, 让你想起过往的经历。
卡关时刻	当我看到孩子欺负手足时	不满	行为:我马上制止老大 过往:这让我想起小时候常被哥哥欺负
		情绪	行为: 过往:
			行为: 过往:
			行为: 过往:

💗 正视负面情绪

为人父母后,我们并没有因为身份转变而变得比较勇敢,对于某些抱怨和指责也没有太大的抵抗能力。在我的咨询案例中,遇到过许多因为担心、焦虑,甚至影响健康的人,但最后都因为接纳自己的负面情绪而获益。

无论你曾经对自己的行为有多么懊恼,甚至常常因此感到无助、难堪、没面子和恐惧,但**通过重拾信心,信任自己,再从那些感受中找出一条路,这条路将带领你通往内心平静、祥**

和的入口。

负面情绪在我们的演化机制中，一直都是帮助我们渡过生存焦虑和困顿的养分，会带来另一个更接近自己自在教养的彼岸。如果把人生比喻为一本书，那些因咆哮而崩溃的页面，早就在我们内心占据位置，而这些页面因为二十四小时的育儿被激发出来，让我们有重新成长的机会。

亲子沟通练习题
育儿心情面面观

提到育儿，你最常感受到的是哪些心情？你最常用哪张面孔对待孩子？是担忧、恐惧、生气、无助、紧张，还是惬意、自在、泰然呢？请在正面情绪和负面情绪中各圈出五个。

兴奋	开心	感恩	满足	平静	自豪	惬意	自在	安心	乐观
快乐	幸福	感动	放松	期待	羡慕	惊喜	愉悦	害羞	得意
接纳	开放	舒服	安全	自傲	希望	痛快	狂喜	欣喜	喜悦
担忧	不安	焦虑	失措	受伤	无助	憎恨	内疚	孤单	迷失
恐惧	失望	难过	生气	忌妒	丢脸	愤怒	紧张	焦虑	疲惫
讨厌	无聊	出丑	害怕	困扰	忧虑	绝望	歉疚	灰心	沮丧

1. 还有哪些是上面没有列出，但你经常出现的心情？
   （例如烦躁、恼人、狂欢、讶异等）_____
2. 为什么你最近常出现这些心情呢？_____
3. 对你来说，处于这个状态多久了？_____
4. 这个状态对你的帮助是什么？_____
5. 你觉得对谁表达这些心情，最能有共鸣？_____
6. 你觉得对谁表达这些心情，是能有效被宽慰的？_____
7. 事过境迁，三个月后的你，会给这段经历哪三个有效的建议？
   （1）_____
   （2）_____
   （3）_____

允许孩子
拥有真实的感受

身为父母的我们一定要知道，任何情绪只要被听懂，都能喊暂停。孩子在我们的养育之中被灌溉了什么养分，就会变成什么样的大人。孩子遇到事情就崩溃大哭，这是因为对他们来说，选择有限和得不到想要拥有的事物，这种感觉仿佛世界末日。他们会狂哭、尖叫、抗议，他们害怕再也好不起来，更害怕大人放弃他们，这是他们最真实、最原始的感受。**只要我们愿意耐心聆听，就不怕孩子会失望、失落，多询问关心，由孩子来告诉你他希望被怎么帮助。**

关心的话语慢慢说

学者德拉库斯曾提出教养孩子的四个错误目的：寻求注意、争取权力、报复、表现无能。这四个错误目的会造成孩子的错误行为，导致孩子达不到他们想要的归属感和需求感，反倒被大人讨厌、贴上标签、厌烦等。

父母们不妨审视一下自己的行为是否也有这四个错误目的，导致孩子与我们无法亲近，开始患得患失，搞得自己感到心累，或是不想再付出了。

给他沉淀的时间去感受一下自己，不需要马上告诉对方

"不要生气""不要哭""不要难过",这些都离他们的感受太远。不如和他们一起了解有多生气,淡定地和他的感觉在一起。若是我们感觉到孩子的感觉,不妨就说出来,感同身受他的感觉,回头再关心他。

可以试着问:"**你真的很生气,对吗**""**你在气什么**""**生气一定有原因,可以跟我说一下吗**""**生气的背后有非常介意的想法没有被说出来,那是什么**",并且试着抱抱他。关心的话慢慢讲,让孩子的内在建立"恒温调节"模式,这对他们来说是非常重要的。

就像潜水员在水深处,不能直接快速地浮到水面上,而调节情绪时,也是通过关心的话语,慢慢地为孩子们减压。

大人第一次听孩子诉说心情,可能也会感到恐惧、害怕,请先将它们放在一边,不用害怕孩子会感到失望,或将气转移到你身上,和他一起看看他的内心状态。

对一个儿童来说,我们有比他更多的配备,可以和他一起找到独特的答案。

因为当别人可以真实感受自己时，自己才有机会相信自己、肯定自己，勇于挑战和懂得外在的限制，在这之中找出一套自己喜欢的生存模式。当孩子被允许喜欢自己和欣赏自己的时候，他才有办法真心欣赏别人、喜欢别人，且内外一致、无惧地说出自己内心的渴望和感受。

我们需要花十几年去教导孩子肯定和信任自己，迈向成熟的道路，所以在这十几年里，一定需要来来回回不断地尝试错误与学习。

当孩子出现问题行为：

父母的感受	父母的回应	孩子的回应	信息密码	孩子行为背后潜在信息
烦躁、感到抱歉、困扰、担忧	提醒、哄骗、帮孩子做本该他做的事	暂时停止错误行为，但不久后又出现	1. 看看我 2. 让我参与 3. 让我成为有用的人 4. 肯定我 5. 让我看见自己可以	只有在我被注意到，或得到特殊待遇时，才有归属感。只有在让你们为我忙碌时，我才是重要的
愤怒、被挑战、被威胁、被打败、懒得纠缠	争吵、退让、想着"算了，你自己看着办""我会让你知道你是错的"、证明自己是对的	变本加厉、不服从、证明自己是老大、消极反抗	1. 让我帮忙 2. 给我选择 3. 让我知道还有更好的选择	我只有在当老大的时候才有掌控感，证明没有人可以影响我、指使我才有归属感，你休想让我屈服
受伤、失望、不被相信、厌恶	以伤害来反击、羞辱对方，想着"你怎么可以这样对我"	还击、激发冲突、升级原本的行为模式、选择另一种有用的武器	1. 我很受伤 2. 请指出我的感受 3. 帮助我更了解我该怎么办比较好	我不认为自己属于这里，我要伤害别人让大家知道我有多受伤。我无法接受别人的喜欢或被爱的感觉，因为我觉得很糟
沮丧、绝望无助、无力	放弃、阴阳怪气想激励但无效、帮孩子做他可以自己做的事（起因是不信任或不相信）	更退缩、消极、没有任何进步、没有反应	1. 不要放弃我 2. 教我怎么踏出第一步 3. 不要贬低我或觉得我笨	我不可能做好，我不属于这里，我要说服大家不要对我有期望，我很无助，踏出去尝试没有用，跨出第一步很可怕

目的	父母可以如何陪伴
过度寻求关注	1. 让孩子参与，用努力做来获得对他有帮助的注意力 2. 不断地告诉他你会做什么，"我爱你而且会关心你""我会花一些时间陪你" 3. 一起计划专属于你们的特殊时光 4. 帮助做日常记录表 5. 与孩子一起解决问题 6. 设定秘密暗号提醒孩子避免问题行为 7. 暂时忽视（不使用口语回应，改用肢体） 8. 召开家庭会议，一起讨论家中事项
争取权力	1. 请他们帮忙，给予肯定，以正面积极的力量引导他 2. 提供有限的选择，不争吵，不退让 3. 做就对了，不多说　　4. 设定合理的限制 5. 练习贯彻执行　　　　6. 从冲突中抽身 7. 坚定表达，温和描述情感 8. 让日常记录表来决定（第三方） 9. 离开，到一旁冷静
报复（要扯平）	1. 承认孩子受伤的情绪　　2. 避免自己也受伤 3. 避免惩罚和报复　　　　4. 反应式倾听 5. 进行弥补式修复　　　　6. 表示关心和慈爱 7. 做就对了，不多说　　　8. 鼓励孩子的强项 9. 对孩子们一视同仁　　　10. 逐步建立信任
表现无能	1. 将工作分成几个小步骤 2. 停止批评孩子（因并未达到激励） 3. 不要怜悯孩子　　　　4. 不要放弃他 5. 创造成功的机会　　　6. 珍惜他原本的模样 7. 以他的兴趣为基础慢慢启发，耐心引导 8. 在他有任何正向企图的时候给予鼓励 9. 和专家讨论其他学习方法

＊本表格引用自《跟阿德勒学正向教养：学龄前儿童篇》，简・尼尔森（Jane Nelsen）等著。

在孩子面前不需假装，
只需做最真实的自己

在孩子面前最不需要假装,他们不会期待大人做多一点或少一点,他们接纳你呈现在他们面前的每个模样,这就是和孩子在一起最美好的自由经验。

了解儿童的感受,明白他们的喜怒哀乐,了解他们是有尊严的,而且也会介意某些事。当孩子被急着赶去做某件事情的时候,他们的愉悦感就会被剥夺,让他们无法继续发掘及试验自己的内在资源,就算孩子很信任大人,也很容易感到无助。

儿童内在拥有成长的力量,但大多数的时候,他们也必须面对现实带来的打击,常常感到受挫。内在力量受阻就容易崩溃,这就像是大人盛装打扮去参加宴会,结果没有宴会可以参加,而产生烦闷和不得志。

当你先承认自己生气、羞愧、焦虑、受挫、伤心、无助等心情,你就是个趋近于真实的人。当知道你有这些心情后,千万不要压抑它们。会有这些心情,正好是通往认识自己内在的捷径。当你认识到自己什么时候会担忧、什么时候会害怕、什么时候会大胆,你才有办法辨认孩子的各种心境转折。

当你了解自己的敏感之后,才能正确地接受孩子的敏感。不然只是你自己的投影,然后逼着孩子接收这些跟他们人生无关的心灵垃圾。

顺利渡过生命的刮痕

敏感是一种情绪的互动,对自己的情绪也能激发出互动的心境。比如你觉得自己特别糟糕,糟糕在哪里,糟糕的心境是什么。可能是想躲起来、想炫耀却不可得、想松一口气,还是认为自己非常无能?当你有了这些重要的心境,你身边的大人又是如何回应呢?有哪些观点是你承认并认同的,又有哪些观点是你弃之如敝屣的呢?

当我们面对自己心里面的刮痕,才不会轻易地对孩子脱口而出:"这没什么""你应该冷静""你不要这样想""你太负面了""你太夸张了""你太草率了,怎么可以""你没想好",这些指向对方的言语,可能都离对方真实的心境很遥远。

不要让过往阻碍了自己对孩子的了解,当你过去有受挫感觉的时候,可能被粗鲁地跳过最重要的心境。虽然现在的你成功地度过了那些令人难受的生命刮痕,但你也对这些刮痕倒吸好几口凉气,觉得生命中的沮丧和低潮自己处理就可以了,不需要告诉其他人,或是认为身边的大人根本就不值得信任。

如果你和孩子说话，出现不理性的想法或情感，这些内在未被处理的情绪，例如焦躁、不耐烦、丢脸、挫折等感受会被唤起。此时我们可以停下来想一想，是什么让你这么生气，通常生气的背后通常是害怕。

恒温妙方
父母的内心小剧场

恐惧：
- 怕他有危险
- 怕他遇到挫折
- 怕他所遇非人
- 怕失去他
- 怕失去父母的尊严
- 怕自己失控
- 怕成为不想成为的那种大人
- 怕变成自己父母那样
- 怕他引发你的劣根性
- 怕他让你讲出覆水难收的话
- 怕他让你难堪
- 怕他让你变成无能的父母
- 怕他让你变得无助
- 怕他让你感到焦虑或挣扎
- 怕他做出更激烈的举动
- 怕他从此一蹶不振
- 怕他从此都用这样的方式对待你
- 怕他不断爬到你头上，未来很难管教
- 怕身边的人不谅解你
- 怕被身边的长辈误解你不会带小孩

你内心的小剧场有哪些呢？可以试着写下那些对话，或者将场景一一画下来。

- 怕自己是个不够好的母亲
- 怕自己耽误了孩子的一生
- 怕自己根本不适合生养小孩
- 怕他不谅解你
- 怕他大呼小叫，让你觉得丢脸
- 怕他无视你的存在
- 怕他_____

面对孩子大呼小叫，假设把这些小剧场都抛诸脑后，你的回应是哪一种呢？

"我听见你这么大声说，是不是怕我没听到？"

"我看见你好激动，是什么让你这么激动地跟我说话？"

"当你这么大声的时候，我感到很有压力，可以先缓一缓，慢慢说吗？"

"当你这么大声说的时候，我感到你认为想讲的内容很重要，现在可以小声一点再说一次吗？"

"当我听见你这么大声地说话，我感到有点心疼。心想，会不会你也担心不那么大声地表达，就会被忽略或不被重视，这是让你大声说话的原因吗？"

这些惯性想法在我们过去的经验中是怎么被教导的？怎么经历的？怎么被告知的？怎么得出结论的？当我们开始自我关怀，才有机会关怀眼前的孩子。

面对孩子大呼小叫、顶嘴时，假设父母亲一开始的感受是不耐烦，那么这个不耐烦里面一定有故事。家长内心可能有好几层想法在脑海中掠过，例如：

第一层：每次你跟孩子起争执，孩子总会大呼小叫，让你觉得"又来了"。

第二层：孩子碰到事情就会大呼小叫，爱抱怨，未来怎么办。

第三层：这样一定会不讨人喜欢，就像我现在讨厌他一样。

在这里我们先暂停一下，当孩子对你大呼小叫的时候，我们内心常常迷失在自己的小剧场里，这些小剧场有过去足够多的现实支撑着我们所担心的事情。但是大多数的担心，是来自自己过去被对待的经验。

例如你曾是一个被禁止抱怨的小孩，当你抱怨时就会遭受别人的白眼或厌恶；当你大呼小叫时，大人会专注在你的态度上，没有听懂你要表达的内容；当你大呼小叫的时候，下场往往很惨。

面对这些小剧场，再回到当下，看着你眼前的孩子，你认为自己已经很忍耐了，已经忍受很多了，自己已经在用不一样的方式对待他了。

不管答案是什么，先将小剧场放在一边。回到当下，让孩子有机会理解你的感觉、你的压力，以及对于他大声时，你的感受和解读。无论过去有怎样的经历，此时都是重新塑造彼此关系最好的时刻。

孩子通过与外界互动，不断地积累出一些奇怪的结论，他们的信念还不像大人那么坚定不移，而是在重新塑造中重新定位自己。所以有任何情绪起伏，请回头看看自己的小剧场，重新认识小剧场，并且将当下的情境和小剧场隔离开一小段距离。你会发现大多数的担忧和恐惧，在你加诸孩子身上时，他也正把你恐惧的内容上演给你看。

父母的恒温练习
共筑爱与设限

父母与孩子共同生活，必须要知道彼此的界线是什么，通过孩子的闯关，你会更清楚自己内心的界线是什么，现实的限制有：

- [ ] 吵着把宠物店的宠物带回家
- [ ] 在便利店里吵着要买饮品
- [ ] 在大庭广众之下诬赖你打他
- [ ] 从学校教室跑出去
- [ ] 睡觉了还一直要开灯
- [ ] 到处洒沙子、水和食物
- [ ] 在他的玩具上画画
- [ ] 在墙上或门上乱涂鸦
- [ ] 在家具上画画
- [ ] 戳破家里的沙发，弄坏玩具、家具
- [ ] 带朋友来家里胡闹，大声尖叫
- [ ] 带不明饮料或食物回家
- [ ] 随意和陌生人接触
- [ ] 在客厅或房间点火
- [ ] 在家里跳来跳去影响邻居休息
- [ ] 在黑板上写脏话
- [ ] 把自己的衣服画得乱七八糟
- [ ] 乱扔自己的文具，让别人踩到摔倒
- [ ] 朝主要照顾者吐口水
- [ ] 朝主要照顾者泼汤或泼水
- [ ] 爬到很高的窗台上

你心中的担心和害怕是：_____
哪些跟未来有关？_____
哪些是暂时性现象出现的背后需求？_____
哪些与环境有关？_____
哪些与你内心担心的未来有关？_____
哪些是有处理方法的？_____

- ☐ 往照顾者的脚上或鞋子里扔沙子
- ☐ 在房间里面乱丢坚硬的东西
- ☐ 故意将东西放到嘴巴里面给你看，作势要吞下去
- ☐ 玩游戏把照顾者绑起来
- ☐ 用吸盘箭射主要照顾者
- ☐ 用打骂或无礼的方式对待主要照顾者
- ☐ 有客人来家里时，一定要坐在客人的腿上
- ☐ 抱着邻居家的小孩久久不放
- ☐ 偷亲同学还不承认
- ☐ 公开说谎还一本正经地否认
- ☐ 吃泥土、颜料或粉笔
- ☐ 在地板上直接大小便
- ☐ 撕毁兄弟姐妹的作业
- ☐ 在兄弟姐妹的作品上乱涂乱画
- ☐ 扔掉爸妈的手机或平板电脑
- ☐ 拿走爸妈的钱包
- ☐ 将家里的按摩椅割坏
- ☐ 在家里将油渍或难清洁的液体倒得到处都是
- ☐ 趁你不注意或睡觉时，将你的头发剪掉
- ☐ 不打招呼，就把你心爱的东西拿走
- ☐ 早上不刷牙也不穿衣服，一直催促他，也不理会

若上述不良情况一直持续下去,最后会怎么样呢?**其实设限和爱是一起发生的,唯有爱可以帮忙设限,但是设限却无法确切表达爱意。**

亲子之间,也可以有爱的保证,比如父母可以对孩子说:"你对我来说很重要。你很特别,我们在一起的时间很宝贵,不知道你为什么要用这样的方式跟我表达抗议。你也知道我不喜欢你做这些,可以跟我说说你内心的想法吗?你想要表达什么呢?""从你的眼神中,我看见你正在犹豫,要不要让我知道你在想什么?""如果让我知道你在想什么,你会担心什么吗?""我的看法对你来说很重要,但你不能承认,因为承认了好像就会被我影响,所以你先发制人。你想靠近我,可是却用了我不能接受的方式,是这样吗?"

深爱孩子的心
我们从未动摇过

帮助孩子表达情绪的对话

对孩子来说，口语表达是慢慢掌握自己状态的方式之一。Emma 其实是高敏感小孩，过去的她，常常用大哭的方式，表达她对周遭的高敏感。后来，她学会了精确的语言，表达才更加精准。

而我们在她提出想法时，不会落井下石，出言嘲弄，对于她曾说错的话从不追究，这也让她对我们特别宽容。当我们说错、做错、表达歉意时，她一定会说："没关系，每个人都会这样啊！"接下来，是我建议跟小孩聊天的小方法。

跟你的孩子"动动嘴"

孩子十个月左右时，会发现大人的嘴巴动个不停，而且还会发出声音，这时他们会想要抓你的嘴巴。如果你想要跟孩子聊天，在他会正式与成人沟通之前，要尽量让他看到你的嘴型，这有助于孩子的模仿和学习。

放下身段

Emma 小的时候，我就努力和她聊天、讲话，她的任何回应，我都会进行解读，然后反映给她，即便没有话题，我也会用故事机放故事给她听，故事机放什么，我就重复什么，然后跟故事机对话，虽然她没有特别的回应，但我依旧跟她聊天。

你听、你看、你觉得、你认为

Emma 一岁八个多月时，我们最常跟她说的是"你听""你看""你觉得"或是"你认为"，将话语权交给她，让她说出她的感受与想法，让她慢慢理解和体会自己的心理活动，并且回应她，就算她在讲述的时候，有时候拿不定主意，我们也会停下来等她。就像《天线宝宝》这个节目，成人看会觉得它的速度太慢，孩子们却觉得刚刚好。因为孩子要通过复习，才能达到语言学习的目的。

如果说大人是直达车的话，孩子就是区间车，两人的生理和心理状态的起跑点就不一样，父母应该给孩子一点空间让他追上，父母在孩子身上耕耘了什么，终究会反馈到父母身上。在这个世界上有个地方叫作"家"，能协助我们抵挡外面的风雨，重拾勇气与力量，而在孩子的幼儿、童年生活中，你在哪里，哪里就是孩子的家！

解密孩子的依附信号

在依附信息中,有几个依附信号对孩子来说,绝对是解密内在的入口。下面这七个就是孩子犯错时的关键内在信号,他们会因此犯更多的错误,用更多达不到目的的方式,试着找回跟父母的联结。

1. 对父母来说,我是最重要的吗?
2. 我会不会因为犯错就不被相信?
3. 我会不会因为被骂而被抛弃?
4. 我感到情况失控了,我也不知道该怎么办。
5. 我经常被拒绝,连我都拒绝自己了。
6. 相较于其他事物／兄弟姐妹／工作,父母会优先处理我的事情吗?
7. 我会因为某种情况就不被爱、不被喜欢吗?

而看懂这些联结,再拆解它,父母才是孩子心里的解密专家。

教养是种双向解谜

父母除了是孩子的解密专家,也是自己的解密专家,每个情绪都有自己的道理,除了理解孩子的心情,父母的心情中有更多的过去之谜,值得我们来探讨,如下情境所示。

气炸信念	与原生家庭联结的密码
气自己拿孩子没办法	很害怕自己被决定、想不到办法、情况失控
气自己跟孩子不亲	在原生家庭中很想和家人亲近,却找不到办法,剧情在孩子身上重演
气自己知识不够	害怕自己因为悟性有限而害了孩子
气自己不能像某人那样	常常被拿来比较、很害怕被比较
气自己不够强大	常被觉得能力不足,但一辈子都要靠能力来支撑自己等
气自己无助	觉得自己不能向他人求助或寻求帮助有困难;没有后援或可以一起讨论的对象
气自己无能	很害怕被视为无能,也害怕被孩子发现自己没有能力的那一面

我们每个人都有自己的过去和过意不去的事情,教养的过程,正是一起解开这些心里之谜的好时机,我们都是从教养过程中拼凑出部分的自己,我们不需要追求完美,但拼凑的过程,必定会让自己更完整。懂自己,就有机会更懂得孩子!

父母的恒温练习
请将内心的爱说出口！

亲子之间的沟通和好话要慢慢说，因为孩子的吸收程度是"慢倍速"的，尤其当我们慢慢说，沉浸在话语的感受中时，我们也能感受到爱的流动，从慢速说话的练习里，练习不别扭、不逃避，充分彻底地感受和孩子之间的情感交流。

没有一个孩子乐于当坏孩子，也没有一位父母乐于当坏父母，而我们都在冲突后，各自舔舐伤口，等着一方鼓起勇气来握手言和。先握手言和的人并非输了，也并非赢了，而是将自己的状态诚实地让对方知道，也表示了解对方的处境，如此修复的经验，将让我们更确信一次次的失和，不会将彼此拉扯得体无完肤，反倒将使我们靠得更近！

不分男孩女孩，每天都要对孩子说："亲爱的，你是我的心肝宝贝，将你带来我的身边，我承诺一定会和你一起面对困难，并且一起成长和学习，我爱你！"

"亲爱的，这世界上，我爱你最毋庸置疑！"

"亲爱的，无论我们再怎么争吵，我都会再次鼓起勇气试着用我的一辈子重新聆听你，聆听自己，因为这条路上，我们是一起学习，一起进步！"

> 小宝贝,你来当我的孩子我好开心!
> 你是独一无二的,我爱你!

> 小宝贝,我愿意用一辈子的时间,用心陪你长大!

> 亲爱的,当你失去信心的时候,记得来我这里,我愿协助你找回最初的自己!

> 亲爱的,你会对我生气是因为你很在乎我的想法,我愿意穿越恐惧去了解最真实的你!

> 亲爱的,我爱你,你是无可取代的!

> 亲爱的,当你恐惧时,就将恐惧交付给我,让我和你一起负担你的心情,让双方的人生一起前进!

依附关系的人际互动模式

我们在一段关系中最重要的就是有安全感，发展心理学家爱因斯沃斯（Answorth）的研究中指出，安全感的两项指标为：回应性和感受性，这是建立安全堡垒的重要指标。针对孩子和伴侣的反应做出确实的回应，读取孩子在依附方面的需求，并且给予确切的反应非常重要。我们在孩子成长的过程中，或多或少都有些影响力，而这些影响力正是孩子和我们依附时，通过点点滴滴所形成的人际互动模式。

这些人际互动模式造就了孩子在说话的时候，旁边有人听、谁在听、听到了什么、说什么话会影响谁、说什么话会激起别人怎样的反应，都在我们的脑海中上演和预测，通常身边的人都会配合演出，特别是重要的人。

通过这样的行为，来彰显对方在我们人生中有一个版面和一定的影响力。简单来说，这种关系就叫作依附关系。

依附关系就是"两个认为彼此对对方重要的个体，他们之间的情感联络方式"，最主要发生在亲子之间和伴侣之间。

依附关系是从我们早年和主要照顾者之间发展出来的，有几种形态，最主要的两种为：安全依附和不安全依附。

我们和可安全依附的人在一起时，有一个重要指标，就是当我们惹怒对方，对方的反应即便不佳，我们也有信心他会亲近和回应我们。也就是说，在我们心里，始终相信自己在对方

的心里有重要性，双方之间有情感依赖。没有安全依附状态的人，主要是因为早年的经历，他们的主要照顾者对他们的回应较为不稳定和不可预测，所以他们在相信别人之前，会比较担忧和害怕。

这些不确定性会驱使他们去做些什么，好让对方注意到他、关心他，即便用惹怒、控制或讨厌的方式，都希望对方能重视他、爱他或接受他的爱。

安全感的指标：回应和感受

有一次，Emma 的爸爸耳提面命，要她不要把鸡汤放在地上，说这样容易踩到。两岁多的孩子信誓旦旦，并且再三保证这种情况不会发生，坚持要放在地上。果不其然，孩子在跑跑跳跳的过程中，打翻了鸡汤。当时 Emma 很担心爸爸会因此生气而不理她，所以在旁边东摸西摸，讲一些无关紧要的话。

此时，如果是你，你会怎么办？打翻鸡汤是爸爸的症结点，但是孩子也很害怕和担忧，因而做出一些无关紧要的行为，这该怎么处理？

通常孩子在紧张的状态之下，认知功能是失调的。就像我们无法在孩子游泳溺水的时候，教导他换气，一切都得等上岸了再说。**在这个例子中，我建议父母应该回应孩子的情绪，等他情绪回稳，才能更好地吸收和接受我们的教导。**

在这类事情当中，我们给予的教导和教训都是有限的。假设你因此不高兴，当孩子说了什么或做了什么，你要感觉他是否接收到你教导他的内容，若是父母因此有了"完蛋了，以后孩子一定会很叛逆""这孩子一辈子都会不听我的"等负面思考，通常都跟自己有关。

从问题行为重拾亲子关系

无论孩子的回应是什么，你得告诉自己"我尽力了""尽力的样子很不错""孩子会慢慢反刍和吸收，我和他都需要时间"等，让自己在这件事上先暂缓，想点其他的事情，或者是做点自己的事情，找个空间，对自己好一点，然后活在当下，迈入明天。

父母观察的重点:

❶ 孩子的问题行为是暂时性的,还是一辈子的品格问题?
❷ "我怎么说你都不听,这样怎么去学校上课,你一定不会听老师的话!"
❸ 孩子如何通过事情的后果,发展出解决问题或预防问题的能力?
❹ 你介意的点是孩子没听你的话、可以预防的事情没预防,还是孩子学不会,未来会完蛋?

这些观察会影响到我们管教的过程如何放对重点。很多时候我们因为对上述问题的担忧,很容易会在孩子出现问题行为时,对孩子落井下石或者用轻蔑的口吻跟他说:"你看看,又来了!"这些都无助于孩子发展解决问题的能力,孩子会从轻蔑、嘲笑、威胁中感到沮丧和无助。

其实 Emma 在旁边摸来摸去,表示她已经察觉到这些"说到做不到"的代价。所以我决定先用以下的方法介入。

恒温妙方 轻松教养 ABC

> A 事实澄清和重述。
> B 情感联结并反应孩子的状态。
> C 将问题聚焦在孩子可以负责的部分。

目的在于帮助孩子通过问题行为的发生，重拾和父亲的联结，并且针对问题找答案，感受到自己的力量。果不其然，后来再也没有发生过类似的状况了。

A. 事实澄清和重述

当 Emma 开始东摸西摸的时候，我跟她说："妈妈看见你打翻鸡汤后，在爸爸身边东摸西摸，我猜你感到紧张和不自在，是吗？"

她说："对！"

"当我们犯错时都会紧张的。我猜，你口口声声答应爸爸要做到的事情，现在做不到了。"这时候的语速要放慢，记得她还在认知"失调"的状态，要慢慢让她重拾信心，脱离这个不知所措的情绪。

"做不到的时候,不知道该怎么办,你知道很难让爸爸停止生气,又不知道怎么让他开心起来,所以感到很不知所措,对吗?"(反映状态和情绪)

Emma 点点头:"嗯。"

我说:"我了解了。"

B. 情感联结并反映孩子的状态

"当你感到不知所措的时候,其实你也很介意,当说到却做不到又不知道怎么安慰对方的时候,你觉得我可以怎么帮你呢?"

她说:"不知道。"

我说:"我提供一个办法好不好,你试试看,你不一定要让爸爸马上开心起来,但你可以为这个'不小心'负责,因为凡事总有意外。因为自己不小心,跟对方表达抱歉,是件很勇敢的事情,表示你愿意为这个不小心做点什么事,这样好吗?"

她低下头来点一点头,但拉着我说:"妈妈和我一起去。"

我说:"好啊,没问题。"

C. 将问题聚焦在孩子可以负责的部分

Emma 走到爸爸身边,又开始因为紧张而扯开话题,我试着将话题拉回来说:"爸爸,她想为刚刚打翻鸡汤做点什么。但是她很紧张,不知道该怎么开口,她想要为她的不小心做点什么,你愿意听听看吗?"

后来孩子顺利地跟爸爸道歉,而爸爸也回应孩子当时他心里的担心,不是因为打翻鸡汤这件事,或是 Emma 表现得不好,而是担心鸡汤是滚烫的,Emma 会因此被烫伤,所以才想让 Emma 把鸡汤放在桌上,也希望孩子能从中学到教训。

当我们管教孩子时,记得从自己内心介意的点出发,然后设一个点回头聚焦,让孩子跟自己的心情连在一起,她有爱爸爸的心情、不好意思的心情、糟糕犯了一个错的心情,也有害怕让爸爸失望的心情,这些混杂的心情都可以被理解,只因为我们犯错时也有这些担忧。

让孩子知道,
他很重要

孩子在成长发展的过程中，无论开心或是不开心，都会有大吼大叫的时候。虽然过度的兴奋会让家长感到有点伤脑筋，但过度的挫败更会引发家长的失落感。

当孩子感到"兴奋"时，会想要说"Yes""I can do it""我会""我行""我能"，内心狂喜不已，甚至想要尖叫。

华人文化中，孩子非常兴奋时，家长往往担心物极必反，会发生不好的事情。常常在孩子兴奋时，一方面为孩子高兴，另一方面也规劝孩子不要太高兴、不要太得意忘形，担心孩子因为太骄傲招致不好的事情，劝诫他应秉持中庸之道，喜怒不形于色。不可否认，这种行为正拉扯着孩子的内心。

但在不顺心的时候，内在正在经历挫败时，孩子"常常认为自己不行""因为害怕被觉得不行就躲起来""对自己完全失去信心，无论做任何事情都提不起劲"，这时候，父母的建议就有了不同的效应。这时候，如果大人可以一起承担、面对，并且多加教导，就有可能变成改变的行动力。

解铃还须系铃人

在我们实际的评估过程中，有一个要点是"解铃还须系铃人",孩子能够将挫折表达出来,最好不过了。因为挫折可以被表达出来,才有机会打开一条解决的道路。

若是孩子选择隐忍,或者连表达的语言都没有,就更容易感到挫折与无力,当孩子因为不顺心而大吼大叫的时候,也会引发父母的焦虑,这些依附的共生感会让父母想迅速帮助孩子从挫败中脱离,所以才会插手孩子的人生。但是在孩子还没开口说出自己的需求时,就急着给建议,或主动帮孩子做决定,看不清楚孩子的状态就出手相助,更容易出错。

通常父母未确认孩子的状态就给予帮助,大多出于以下四个心境:

1. 因为我们过去在这个状态中时,没有被疼爱、帮助过。
2. 心疼孩子也要经历这个艰辛的过程。
3. 自己没遇见过这样的处境,孩子遇到时也唤起了自己的紧张感。
4. 出于身为父母"应有的"责任感,认为好的父母应该要能为孩子做点什么。

以下是帮助孩子抒发情感的三个步骤：

> 1. 确认他的状态。
> 2. 调节自己的情绪以呼应、容纳对方的状态。
> 3. 调整自己后，帮助孩子说出他的情绪，帮助他养成自觉。

当孩子态度不佳时，我们依然可以听听孩子内心正在纠结的困扰。有一次，我做饭时，Emma要我念书给她听，我说："宝贝，等一下喔！妈妈做完饭我们吃饱后再看书好吗？"她说："好！"但吃饭时间，她又想要念书了。我跟她说："你和妈妈都还没吃饭呢，我们先吃饭之后再看，好吗？"当我端菜上桌的时候，我看到她把我的书和便利贴，扔得到处都是，我一边端菜一边瞄了她一眼，说："我知道你虽然饿了，但是更想看书，你希望我先陪你看书，我们的顺序不一样，是吗？"她说："对！"然后继续发脾气。

我跟她说："当我看到你扔我的书的时候，我猜，你是不是觉得好像每件事情都比陪你看书重要，所以你很难过，想要通过扔书让我知道你有多难过。"

她低下头说了声:"对!"然后很委屈地哭了出来。

我说:"没有这种事,你对我来说是最重要的,我心里最想做的就是好好空出时间陪你,知道吗?"她说:"我想要你先陪我看书,可以吗?"我说:"我看见你在跟我商量,很棒喔!嗯,我知道,你很想妈妈陪你看书,可是妈妈现在手很油,我建议你先自己看一会儿,等我弄好,或者等饭做好了,先来吃五口,我们再一起挑你想看的书,这样可以吗?"后来她吃饭的时候,才发现自己真的很饿了,所以没有闹脾气,胃口大开地把整碗吃完。之后我们相安无事地一起去捡起刚刚她乱扔的书,给她讲故事,可以说是双赢。

其实,亲子之间不用对抗,孩子乱发脾气,很多时候是因为她饿了、累了、渴了,而她又舍不得停止手上的活动,所以做出更多我们认为的"问题行为",这些时候,他们想要爸妈陪伴的心情没有错误,他们"舍不得停止手上的活动"这件事情是可以被回应和同理的。但爸妈手上有该做完的事情得做完,这也应该告诉孩子,和孩子商量。我测试过,虽然是三岁以下的孩子,他们也可以慢慢从被回应的习惯中,通过一来一往的对话,感受到自己是重要的。

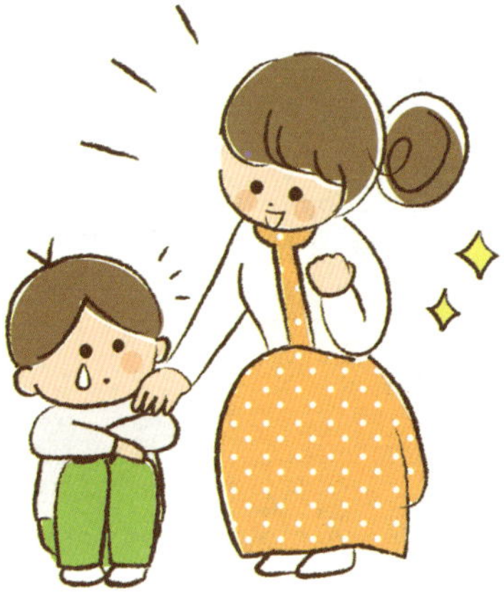

从拥有自我意识开始，到五岁以前，孩子的大脑已突飞猛进地发展，当父母拥有对儿童发展的正确认知时，面对孩子冲动就会更加淡定，我们可以依循孩子的冲动行为，窥见其大脑发展的地图。

父母仅仅需要观察，不必逼迫他跟上大人的速度，我们给予孩子信任的内在指引力量，允许孩子为自己争取发言的机会，渐渐地，孩子会慢慢告诉你他的内在逻辑。

第 2 章

解密孩子的大脑成长地图

孩子为什么会哭闹不停？
因为这就是
他平静下来的方法！

玛利娅·蒙台梭利女士在《童年的秘密》中指出，孩子从拥有自我意识开始，直到六岁左右，什么都想要自己来，这时正值成长中的各种敏感期。我们可以依循孩子的冲动行为，窥见其大脑发展的地图。

当父母拥有这个认知时，面对孩子冲动就会更加淡定。你会发现，当孩子成功做了某事时，他们会散发出自信和喜悦的笑容，觉得自己很厉害，这段特别大胆的时期，在"幼年期"和"青春期"特别明显。

他们特别爱顶嘴，跳来跳去、爬高、讲话、跳舞、转圈圈等。这些行为在父母制止后，依然如故，乐此不疲，且不断重复，而这正是孩子"内在敏感期"的表现。

这些强烈的感受，都是来自大脑的剧烈变化。这时候的孩子特别想要尝试某件事物，他们全神贯注、孤注一掷，即使跌跌撞撞也会奋不顾身向前。不要以为这只是孩子的第一次，他们会一次次地重复，通过专注，拾获每块敲砖石。科学家告诉我们，敏感期的成长经历会改变大脑回路，建立连接模式，帮助大脑建立"稳定地图"的一部分，这也为学习及行为奠定了基石。而这些学习的敏感时机一去不复返，父母能做的，就是给予他们安全的环境,在适当时间给予适当刺激,让他们从跌跌撞撞中,感受到"我会""我可以""我行"的鼓励与支持,在不知不觉中学习成长。

从孩子的捣蛋行为,察觉"敏感期"

试想,我们学习任何事物都是这样的,第一次会爬、会站、会走、穿爸妈的衣服、学大人走路的样子,追逐着大人的影子。身高在八十到一百厘米的孩子,望向大人,那是他们永远学习的标杆。

孩子慢慢成长,逐渐可以独立完成所有的肢体动作,不管是大动作,或是精细动作,他们运用自己的身体,感受来自身体的力量和支撑,一步步都是成长的喜悦。

孩子抵触的是,这个世界是为"大人"量身定做的,他们无法触及的剪刀、高椅、筷子、窗帘线等,则变成危险的要素。身为大人的我们,要做的事情就是观察、辨识以及设置安全的环境，尽可能地让他们从"做到"中感受到自我意识的启发，以及确立人们和环境的关系。

在智识发展方面，孩子也通过"丢"与"捡"的过程，注意力经历一系列过程：**主体的自我意识→发现主体和客体的不同→开始运用客体→使用客体→抛弃客体→迎接下一个让他感到想征服的客体。**"客体"的概念是指物理性的客体和主要照顾的人，物理性客体包含身旁的玩具、吊饰、日常用品和家具等。

孩子出生前三年通过身体从"坐、爬、走发展到跑跳移动"后，开始拓展其注意力，与身边的人、事物建立起关系。孩子会从关注自己内在的冲动，依循内在冲动形式，到观察别人的表情、感受和想法，同时还关注主要照顾者怎么看待他，认为他是怎么样的小孩等。

其实父母可以顺势而为，依循孩子内在的冲动，将所有的学习动作都细细教导，让他们学会运用身体的能力。

《在家也能蒙特梭利》一书指出，"敏感期"是让孩子感受到"力量"的时期，这时候通过身体动作和大脑发展，身体不断发育，认知逐渐建立，同时大脑神经元不断联结和发展。

我们要让孩子适度尝试，并在旁维护孩子的发展。蒙台梭利认为应该善用敏感期，不只是为了认知发展的需要，这也可以让孩子获得自我认同，感受到学习的快乐。

儿童的敏感期

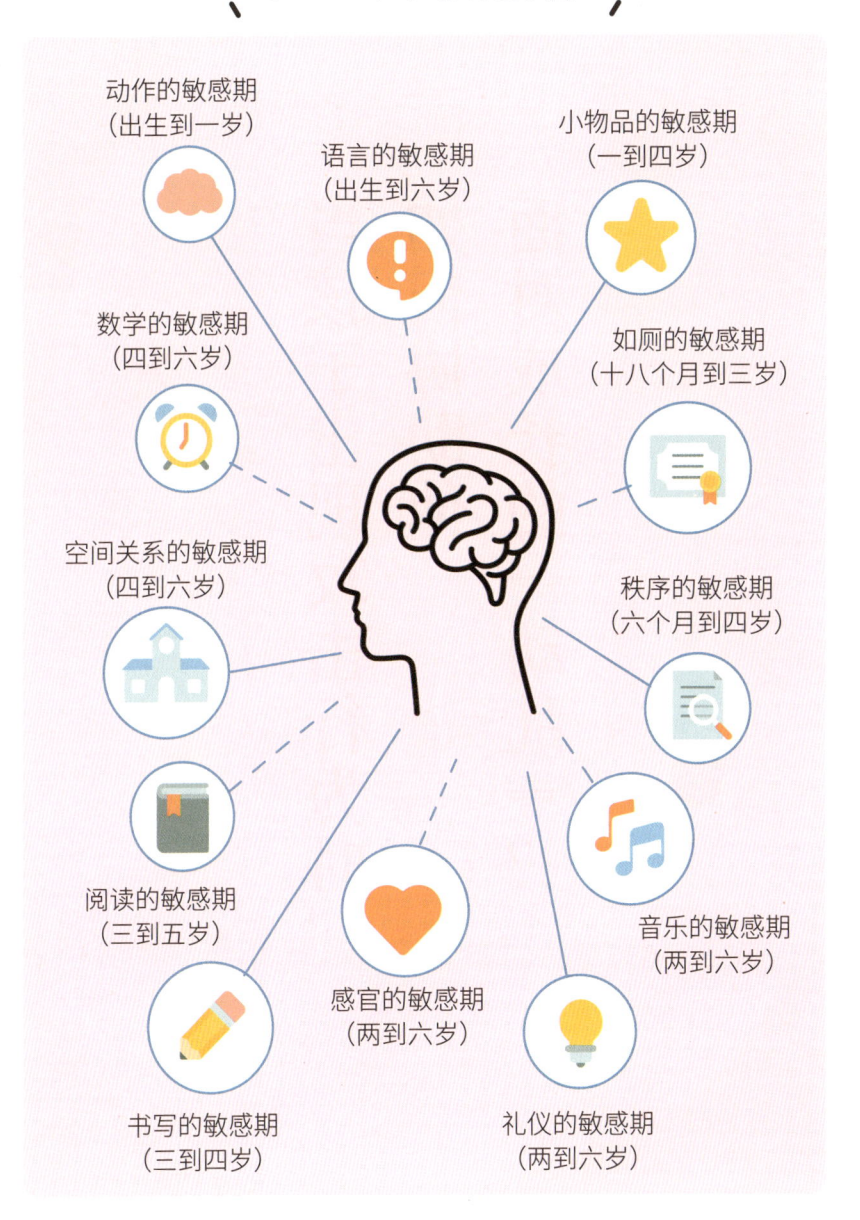

- 动作的敏感期（出生到一岁）
- 语言的敏感期（出生到六岁）
- 小物品的敏感期（一到四岁）
- 数学的敏感期（四到六岁）
- 如厕的敏感期（十八个月到三岁）
- 空间关系的敏感期（四到六岁）
- 秩序的敏感期（六个月到四岁）
- 阅读的敏感期（三到五岁）
- 音乐的敏感期（两到六岁）
- 书写的敏感期（三到四岁）
- 感官的敏感期（两到六岁）
- 礼仪的敏感期（两到六岁）

当孩子出现攻击行为时，如何协助他面对成长的『动乱』？

最近看到一则朋友的帖文"天啊,我被儿子用头撞到下巴,真的痛到哭,但看一岁多的他懊恼的样子,又舍不得骂",这让我想起我儿子在睡着后,夜深人静时,突然无意识地坐起来然后往后躺,躺下去砸到我的眼耳鼻,半夜痛醒不止一两次,从那往后,我都趴着睡觉。

记得在我很小的时候,有一次我爸爸跟我开玩笑,把手放到我的嘴巴里,要我假装咬他。一开始我咬他他会闪开,三次过后,我不知道哪根筋不对劲,就是想用力咬下去看看。当然等他痛得哀叫时,我才回过神来。

成为父母之后,我们或多或少都会面对孩子有意识或无意识的攻击。这种原生的攻击性,并非来自我们意识层面,如"我要打倒你""我要让你难堪""我要让你不好受或丢脸"等,而是不知道为什么就想这么做,我们正面对一个最接近孩子原始欲望的地方,陪伴他们,回忆自己的过往,讶异他们的冲动性,也惊讶自己不想回击。简单来说,父母从孩子出生前到出生后,或多或少都在承受孩子无意识、无语言、无时间感之下的成长的动乱,"攻击"这个词象征的不只是有意识的层面,更包含无意识的较劲、自我为中心为出发点的状态。依据新精神分析实务工作者的观点,孩子一辈子都在"攻击"我们,不管是有意识或是无意识,从刚出生的新生儿对母亲乳头的吸吮、撕咬，到注意到主要照顾者嘴巴说话的变化而抓取或拍打，各种无法控制力道的抓、扯、拉、撞、咬、压等，一开始，他们建立攻击和推拉的对象就是主要照顾者。

小宝宝攻击、尖叫、踢人、打头、咬人、拔人头发，这些具有毁灭性和让人不舒服的举动，都跟他的"兴奋"和"挫败"体验有关。

这些无法预期的攻击，让父母感到意外，因为孩子通过攻击来区分除了他以外的人或事物，并逐渐了解要发展出什么样子的关系。当所有的东西都不像刚出生时，为完全满足他欲望而产生时，他要怎么回应这样的幻灭？

攻击的本身就是在区别"主体"与"客体"的差异，小宝宝的世界就是断断续续的，尚未区分出你，更难以形成一个我的概念。所以小宝宝非常自我，也没有空间感知他人的感受。这些是以后通过故事或者闯祸后被回应等方式，才一点一滴地建构起来。

在他们尝试错误的过程中，**通过主要照顾者的反馈，慢慢地掌握力量，建立可行和不可行的规范。**

父母不会因为稚嫩孩子的攻击而失控，除了是亲生骨肉的原因，大多是父母意识到孩子尚未"成熟"。在"管"和"教"的过程中，给予适度和合理的行为示范是非常重要的。

协助孩子接受现实和想象之间的落差

"攻击"本身带有两种意义：第一，是对于挫折的本能直接反应；第二，是带有积极性的活力来源。

当孩子感到兴奋，也会出现尖叫、撕咬、蹦蹦跳跳、期待大人给予相对应的兴奋回应。当孩子感到挫败、不被理解、被拒绝时，也会因为挫败感进行攻击。温妮考特医师认为这是种"成长的动乱"，每位父母都会面临孩子内在的"动乱"。

身为父母有个任务，在孩子生命早期给予他需求的满足。但是当他们逐渐对周遭的人、事物发展出基础的概念后，接下来，**就必须带领孩子一起跨越，和孩子一起面对现实与想象的落差，以及告诉他们，现实不是照他的期望和想象发展的。**

身为父母，同样也必须承受孩子成长过程中所遭受的打击，并共同讨论出更成熟的应对策略，以拓展孩子处理问题的能力，并接受想象和现实之间的落差，这就是比较广义的"断奶"。

当父母因为孩子的尝试学习，感受到打击，或者被挑起旧有的情绪，有足够的心灵空间承受攻击，就有余力去观察孩子。理解孩子在让别人不舒服的时候，他们自己也会不开心。而这时候的孩子，也有学习的需求。

当最亲近的人反馈难受或是不舒服的时候，孩子的镜像神经元也会接收到对方动作的不适、不高兴，甚至是被制止，或者是感受到对方的痛苦，因此我们可以做的是"引流"，协助孩子做出其他选择。父母可采取的做法：

1. 淡定的态度相较而言不会增加孩子目前的问题行为。
2. 跟孩子表达自己的感受，并且也回应孩子的感受。
3. 表达对孩子的理解（让孩子的边缘系统镇定住）。
4. 给予孩子可以做到的选项（让孩子有机会培养解决问题的能力）。
5. 示范做法或者和孩子一起完成，让孩子有正向解决的经验。

我们可以回应："当你打我脸的时候，真的好痛。我知道你很想出气、打人，你可以选择这个枕头或懒人包，但是不可以打人，会痛的。"

一次又一次协助他们做出正确的选择，让他们想发泄的精力找到可以承受的物品。一旦冲动期过了，就不会再做出这样的举动，这是特别针对小孩子的部分。

如果孩子不太懂这些道理，最好陪他一起做，从中观察并体会他的力量。几次之后，等到他的冲动满足之后，就会慢慢选择出更合适的做法。

当孩子理解，他的开心是建立在别人的痛苦上，并不会真的感到快乐，别人更不会一起快乐，他才会慢慢去体会别人的感受。

给予孩子社会性的情绪反应是很重要的，它可以协助孩子正确判断在学校、公众场所应该怎么做。当他们的不当行为被反应时，他可以想一想："我还有没有其他的选择呢？"

1 淡定 → 2 表达感受 → 3 表达理解 → 4 给予选择 ← 5 示范做法

正确判断孩子的反应

另外，对于别人的反应有正确判断，才能了解自己的社交技巧达到的效果如何。这样一来孩子也不会放错重点，或因为被别人回应而反应过度。

有一次，两岁半的 Emma 表达不想去爷爷奶奶家，她看起来很生气。我和先生问她："你看起来很生气，在气什么呢？"

她说："我生气奶奶……"从这句话表面上看，她是在对奶奶生气。

但我突然想到，昨天两人最后的互动是奶奶想抱她，但她因为想睡觉，就一直拒绝。奶奶感到很受伤，后来还是安抚她，抱起她，想跟她亲近，但她踢了奶奶。

先生顺势问："你是不是在担心奶奶生你的气？因为昨天你对奶奶不礼貌，现在想想不好意思了，不敢面对奶奶，所以说你在生气。"

她坐在门口很大声地说："对！"

我说："奶奶没有生你的气，她了解你，所以知道你只是很想睡觉，她很爱你。甚至她跟爸爸说想亲自来带你去走一走，快点吧，奶奶能够理解的。如果你看到奶奶觉得不好意思，就抱抱她，告诉她你不是故意不礼貌，好吗？"

她听后，眼珠滴溜儿滴溜儿的，动动小脑袋瓜，说："要穿哪一双鞋子？"后来顺利出门去找爷爷奶奶玩了。

帮助孩子增加心理韧性

转化行动1：父母先不要玻璃心

转化行动2：评估当下的情况是否危险

转化行动3：引导孩子的力量

转化行动4：听懂孩子表达的需求

转化行动5：给予孩子选项并协助他去做

同理的语言，是一座桥梁，将我们的心连接在一起。

孩子往外攻击，对他自己没有信心，但表现出对你没信心的样子。孩子自己感到有压力，将压力怪罪于你没做好父母，这些攻击都是孩子求助的表现。

孩子往内攻击，对环境没有控制感，进而躲进内心的舒适圈，这在现代的教养情况中很常见。当孩子对新的学习、新的事物感到有压力时，就选择舒适安逸的环境，而不愿意大胆尝鲜。此时，他们在维护自我的同时，若是负面情绪和处境迎面袭来，就更容易一边躲起来，一边怀有罪恶感，感到自己很差劲。

身为父母，协助孩子承受一些现实的打击，可以增加他的韧性和弹性。等他可以独自承受的时候，即使在人生中遭遇全面性的幻灭，他的反应也是此路不通，就换另外一条吧。

这时候孩子的积极心态和学习能力才会从失落和幻灭中成长，这些心理韧性都是在孩子从小对我们的攻击中，我们通过回应，慢慢协助孩子成长起来的。

永远的支持者

在我的工作中也常看到，青少年别扭地表达很讨厌主要照顾者，或是对爸妈很生气或失望。有时候他们是害怕被放弃或被讨厌，因此抛出别扭的信号弹，这时候要看穿他们的攻击，瞧见他们对归属感和安全感的需求。那么爱和保证就有机会跳出来，摆脱可能造成彼此关系恶劣的旋涡。

当孩子攻击我们，我们受伤时，要退到他的身后，感受一下他现在正面临的处境，探究他为何要发起攻击，同时反映出我们内在被攻击的感受。

有一次我和 Emma 有争执,看她小小的身影很生气地坐在那边发脾气,我说:"我知道你很生妈妈的气,我可以理解你生气。你可以决定坐在那边气多久,我在这边做一点自己的事情,绝对不会离开你。"

过了一阵子,她走过来伸出手,很别扭地说:"抱我。"**我看着她的眼神,知道无论我们怎么吵,她需要确认的是我是不是还爱着她,我给她的反应是"没问题"。**

人生有两个特别的叛逆期,就在长辈常说的"二三岁猪狗嫌"以及常常臭着脸的青春期,这两个时期孩子的大脑迅速发展,他们开始发现自己是有能力的,这些能力让他容易患得患失及进退两难,需要大人爱的指认。

所以,当孩子犯错时,不翻旧账、爱的保证、同理回应,是维系亲子关系的三张保命符。只要有带孩子的经历,或多或少都会受到孩子的攻击,在他们不成熟的时候,依然保证下一次的信任,就是爱的确立。

育儿的根本在于『爱』

幼儿时期，孩子的专注时间很短，一岁多时的专注力大约只有五分钟，两岁多时大约是十分钟，能够超过十分钟算是很厉害了。把握这个时间点，设计出相关的活动，才不会对孩子有不切实际的期望。

如果你预期一个两岁多的孩子能够独自玩二十分钟以上，这就是"不切实际的期待"，预期不合理，就会导致对他们失望。**想要逐渐拉长孩子专注的时间，应在他们有安全感的情况下，陪伴孩子，促进孩子神经元的髓鞘化发展。**

婴幼儿时期，孩子的大脑神经元密密麻麻分布在大脑内部，在三岁之前，会进行第一次的修整和髓鞘化。孩子需要和周遭环境以及人们多多互动，才能更好地促进脑髓鞘的发育。

当孩子的髓鞘化越能够确切抵达正确反应的位置，就越容易专注在某件事情上，不受外界干扰，并且自得其乐。反之，孩子的专注力将大大降低，无法专注和独立自主地玩耍。

所以在幼儿时期，和孩子多多互动，不要打断他正有兴致的活动，观察他怎么操作和处理，是非常重要的。

父母陪伴孩子的过程中，也回溯到自己可能已不复记忆的过往。当我们和孩子一起建构孩子的早年情绪与记忆，这种记忆也会依附在我们的内隐记忆中。身为新手引路人的我们，一路跌跌撞撞，而父母和子女都需要彼此的依靠和观察，谁也无法缺席。

有了孩子之后，才开始学习做父母

在成为父母之后，人们将会经历第二个童年，因为这个时候，才有机会揣摩自己"父母"这个身份做得如何，才有机会跨越那个当年被错待的自己。

但现实是，很多人在当了父母之后，才猛然发现过去无法修正，而现下的这个阶段，挫折又重演。身为父母，有时候也会讨厌孩子、不想被绑住、感到心烦意乱，而那些失控、崩溃、羞愧、被误解的情绪，都得自己消化。有位母亲曾向我咨询，每一次他们家的三岁孩子和六个月宝宝无休止地大哭时，她一方面疲于奔命寻找原因，另一方面更大的焦虑还在后头："邻居和长辈怎么看我，我是不是做得不够好？"她害怕别人听到孩子的哭声，担心别人觉得她不够尽责、没本事照顾两个孩子，这些焦虑始终环绕在她心里。

某天，她的孩子再度哭闹的时候，她失控地向孩子大吼："你不要让别人以为我虐待你们好不好，通通给我闭嘴。"从孩子的尖叫声中，能够看见这位母亲内心的压力。

这些生怕别人误解的想法，始终环绕在她的心里，她在意别人怎么看她，更觉得自己可能带不好孩子，怀疑自己不是最适合照顾他们的人。

身为父母，本身就会不断受到孩子在各个阶段不同程度的攻击，还常常处于被耗费但还不能毁坏，并且得永久坚固的情况当中，发怒、丧气等，这些轮番上阵的复杂感受，慢慢帮助我们成为父母。

不同的时期，适龄的教养预期

"养育"这件事，会在欣喜、惊讶、挫折等复杂感受中，慢慢协助我们养成父母的"体质"。

举例来说，两至四岁的孩子处于"失控→崩溃→体贴→善解人意"中，不断转换的一个阶段。我女儿在两岁多的时候，上一秒她在跟我说："妈妈，你好辛苦，牵一个抱一个，弟弟就交给我吧，没问题的！"她的语气还相当笃定，下一秒则比弟弟还崩溃，高喊："我最爱的娃娃不见了，呜呜呜，妈妈帮我找！"

他们就是在这些切换中，随着内心各种不同的幻想，在

"理想的我"和"现实的我"当中，不断切换，定位自己。

一旦度过幼儿阶段，自六七岁开始，进入较为稳定的学龄阶段，父母可以清静一阵子，这是孩子可以稳定地学习并建立作息的时期。接下来，即将面对下一个阶段——青春期。

这个阶段，父母和孩子会一起面对孩子的激素起伏、纠结难解且敏感的心情。在这时候，孩子的外表早已脱离了小孩的稚嫩，已经变高长壮的他们，还不算大人，在这个尴尬的青春时期，他们的内心像小孩子一样，渴望关爱与理解，而外在却有着反差。

青春期孩子在言语和行为上的改变，比父母想象中的还要难以招架。当孩子冒出"你怎么不像谁家的爸妈那样""你干吗生我""说来说去，还不是你自己的问题"等话，就算父母事先为自己打了预防针，等到真正面对时，还是难以招架。

育儿不是童话，更非神话

大多时候的父母，面对孩子的反驳，会生气，会很狼狈，或无地自容，担忧自己不适合当父母，对自己产生怀疑，害怕自己耽误了孩子的人生……而这些情绪全被遮掩了起来。

要厘清一点，育儿这件事情并非童话，更非神话。孩子出生之后，我们付出了时间和精力，牺牲了睡眠，只希望孩子能够开心地生活。当我们开始建立另一个"跟我不一样"的关系时，孩子也在慢慢地建构起自己及与环境甚至是与世界的关系，孩子的内心世界会越来越复杂。

我们过往使用的是权威式教养，当孩子的体验超出我们的预期后，我们的权威就不管用了。权威式父母和宠溺式父母并没有太大的差别，无论是采取哪个教养模式，当父母的信心被各种恐惧消弭之后，就会忘记自己原本预期让孩子跟这个世界建立怎样的关系。建立信任关系十分关键。

当我们对教养这回事有更多的理解，并且将原本的理解与经验纳入其中，就会明白，我们现在无法完全宽容孩子是有原因的。可以的话，**将这些原因多多分享给孩子，说给他们听，当孩子们理解了父母的"人性"，明白没有所谓的"完美"，愿意与父母配合，如此，长久的信任教养就会产生。**

生命的秘密都隐藏在日常里，孩子进行各项活动，在环境中的种种发现和不适应中，慢慢找到自己的定位。不管是爱的感觉、攻击的感觉，还是不舒服的感觉，或是挫折的感觉、满足的感觉，都充斥在亲子关系中。

让孩子练习「选择」

一直以来，我都希望能够运用所学，善待工作中遇到的孩子和自己的孩子。

过去做儿童相关的工作，无论是小孩子还是小学生，我发现，很多孩子在家庭中常缺乏做选择的机会。**这样的孩子，内心容易受挫，会往内压抑下来，常常感到郁闷，往外则喜欢责怪他人或者不断犯错。**

给孩子这样的机会，让孩子从选择中，找到处理和适应环境的配备，而这些都需要大人一点一滴协助他。

然而，在孩童时期，选择的机会都很有限。试着想想看，孩子的选择其实是非常少的，无论是食物、生活用品、交朋友、学区选择，还是课后才艺等，都是大人帮他安排好的。加上家务的分配，小小的身体要做好大人已熟练的事情，的确会遇到许多挫折。小学生都会感到挫折，更何况是小孩子。

当孩子依循自己的内在冲动以及心智发展的能力做选择的时候，他需要合适的"辅具"，这里所谓的"辅具"指的是辅助、帮忙的工具，比如身边值得信赖的大人和合适的环境，让他对自己有信心。

有一次，Emma出门时，很想带她的拖车，因为可以与他人分享。但根据过去的经验，拿出去的话，往往会被其他人抢走，每一次都会出现不是对方崩溃，就是她崩溃的状况，然后长辈又得安抚两个孩子，转移他们的注意力。

于是这一次在门口，她和往常一样提着她的小车子和玩具想带出去玩，我跟她说："妈妈知道你很想跟 Amy 分享你的玩具，但是因为玩具只有一个，每一次你们两人抢来抢去，最后都很难过。你可以选择把玩具留在家里，然后挑选其他小一点的玩具，愿意和她一起玩的。或是……"因为我想不起来，就对先生说："老公快接力，我刚睡醒，脑袋还想不出其他方法。"

老公马上接着说："或者可以玩 Amy 的玩具呀！她也很愿意分享给你，跟你一起玩。"

我们相视而笑，当然 Emma 想了想，放下手上的玩具，开开心心地出门了。相信她已经做出自己比较能接受的选择了。

提前对孩子设限和预告

小孩子大脑的掌管辩证思考、理智判断、理性能力的前额叶还没有成熟，所以在面对挫折时，常常处在崩溃的边缘，连大人都可能被引发原始的情绪。

在教养方面，家长最典型的行为就是"声音越来越大""大喊大叫""絮絮叨叨地责骂，一句话反反复复地说"，有些家长还因此失眠，出现神经性头痛的症状。

我们都不想成为失控的大人，每次处罚完孩子后，又会懊悔不已，对下一次的管教感到无力，充满挫折感。现在跟大家分享我在游戏治疗方面的经验，并运用在教养时的做法。

第一步是"**设限**"和"**预告**"，在游戏治疗时，我们应该有时间限制。这时候我们带着孩子去看钟表长长的指针，跟他说："指针到这里的时候，游戏就结束了，我们就得离开游戏室了。"

即将到该吃饭或睡觉的时间，要离开商场或者亲子馆时，许多玩具都吸引着他。当他不想离开时，就得用上"预告"。通常孩子不太容易做到说走就走，尤其是小孩子还没发展出数字的概念时，我们会在十五分钟前就开始进行预告。

"游戏时间还剩下十五分钟，十五分钟后我们就要跟玩具说再见了。"这时候，可以拿出具有计时功能的工具，比如手表跟他说明。

剩下十分钟时，再预告一次，"游戏时间只剩下十分钟，十分钟后我们就要跟玩具说再见了哦！"剩下五分钟时，再预告一次。

因为孩子的记忆很短暂，需要比较长的酝酿时间，帮他预先做准备，以免最后出现在现场"耍赖"的状态。

孩子是没有时间感的，常依循内在生理时钟行动。若要符合外在的规范和大人的时间控制，就得进行预告，让孩子找到对外界的安全感和依循准则。而设限和预告，将带给孩子对情境和时间的安全感。

第二步是**给予选择的机会**。孩子选择的机会其实少之又少，加上心智和动作不成熟，常常会犯错。**而大人要做的不是在他犯错的时候落井下石，所以为孩子提供选择的机会是很重要的。**这时候就像去市场买菜一样，你心里要有数，哪些是你可以接受的选择。这么一来才有办法提供给孩子，如果孩子选不出来，就进行下一步。

第三步是**父母帮助孩子做选择**，然后协助孩子说到做到。如果孩子因为你帮他选择而又哭又闹，就可以顺势对孩子说："爸爸知道你很难过，其实你可以做出自己喜欢的选择，下次我们就把握机会自己选吧！"然后坚定地完成你帮他做的选择，协助他接受，并把握下一次的机会。千万不要在这时候跟他赌气或嘲笑、羞辱他，更不要责备他。

兄弟姐妹，先后来到的『同班同学』

兄弟姐妹之间的竞争，是一辈子要做的功课。尤其在小孩子的阶段，各种争宠、争夺的行为，都会让父母劳心伤神。

在教养之余，我们依然可以保持开明的态度，和孩子同感、共情。我想这是在教养中，培养优质亲子关系，并落实"身而为人，都值得理解和尊重"的理念。

我有两个孩子，但我秉持着无论如何都肯定老大，但不要求老大帮忙的理念，让她慢慢体会、感受自己和弟弟成长的快乐，所以我们即便是在处理弟弟的需求时，也会回应姐姐在旁边的所作所为。这两个孩子的年龄很接近，对教养而言是个考验，这也是我思考"我想成为什么模样的母亲"的起点。

记得有一次邻居跟我说："不要说两个孩子的年龄差小，才会有争宠的现象，我们家的差了六年。你可以想象，七岁的老大跟我说，要把他当小婴儿一样，喂他吃饭、帮他擦屁股时，我有多崩溃！"

这些话安慰到当时的我，当 Alber 出生时，我珍惜前面一到七个月的"甜蜜期"，而且非常有感触。

这时候的 Emma 只觉得弟弟像是宠物，就跟隔壁邻居的狗狗是一样的，她能够感受到妈妈需要休息的时间变多了，能感受到刚出生的 Alber 会占据一些妈妈的时间。Alber 需要洗澡和喂食，要注意不要压到他，或是逼他起来一起玩，并且知道 Alber 常需要妈妈背着或抱着。

这些理解都仅限于"Alber 明显很脆弱，不是故意抢妈妈"的时期。当甜蜜期结束后，Alber 开始抢 Emma 的玩具、食物，抢妈妈、抢关注，拓展他所到之处的范围时，Emma 才开始正视 Alber 进行人生探索的无所不能。

从弟弟刚出生，到约七个月的甜蜜期，是耕耘两个孩子之间关系的好时光，让姐姐慢慢体会和弟弟一起成长的快乐。为了避免大宝醋劲大发，出现"捉弄"或者将"捉弄地下化"的行为，要努力确保大宝有满满的存在感，此时是让大宝慢慢认识自己的重要时刻。

"你比较大"为理由逼迫孩子

我们不因"老大"的角色，要求当时才一岁多的 Emma 一定帮忙照顾弟弟，像"你是姐姐哦""你要照顾弟弟啊"等，我和先生都坚持不传递这样的想法给她。

第一，是她的能力还不足，还在学习生活自理的阶段；第二，我们不想因为 Alber 的出生，让她莫名感到压力和父母的爱被剥夺；第三，若她因为忌妒或者被迫"长大"，反而私下捉弄弟弟，那父母更有处理不完的矛盾。

所以，即便我们在处理弟弟的需求，依然会回应姐姐在旁边的所作所为。独自一对二的我，开始练习平常咨询工作时的"一心二用"，一边注意弟弟的需求，一边看 Emma 在做什么。这期间可以说是教养敏锐度展开的练习期，尤其当弟弟睡着的时候，如果 Emma 要求看书、讲故事、玩过家家，我们也会在睡觉之前，保有她的独生女时间。

根据我们将近七个月的尝试，姐姐没有因为我们对她没有要求而不照顾弟弟，反倒有样学样，试着按照大人的方式，主动去亲近弟弟。她会主动地帮忙拿尿不湿，看弟弟洗澡，想要帮他舀水，并且拿娃娃表示要学妈妈喂奶，去喂娃娃喝奶，或是说要煮东西给 Alber 吃。大致上来说，他们的日常相处其实是相安无事的。

Emma 快两岁时，Alber 已经满十个月，两人不但相安无事，Emma 平常还会当"老师"，念书给 Alber 听，并且指着书中内容说："你演大灰狼，我演小红帽。"

看着他们的许多互动，我深深觉得爱是一件很自然的事情。

我们怎么对待他们，他们就怎么对待彼此。

我们只是先后来到这个世间的兄弟姐妹，我只是比你们早来了几十载，而你们也相继来到这世上。来一趟不容易，相爱之余就是彼此爱护，角色和道义的要求太过沉重，那就回归本质，回到身而为人能好好对待彼此的美好。

如此一来，不因为角色让彼此沉重就范，而是因为角色让彼此圆满美好，这是家庭中最美好的画面之一。**当弟弟妹妹出生，你怎么爱大孩子，保有他"也是你的孩子""也值得被爱"的位置，这会直接影响他怎么去爱另一个小孩子。**

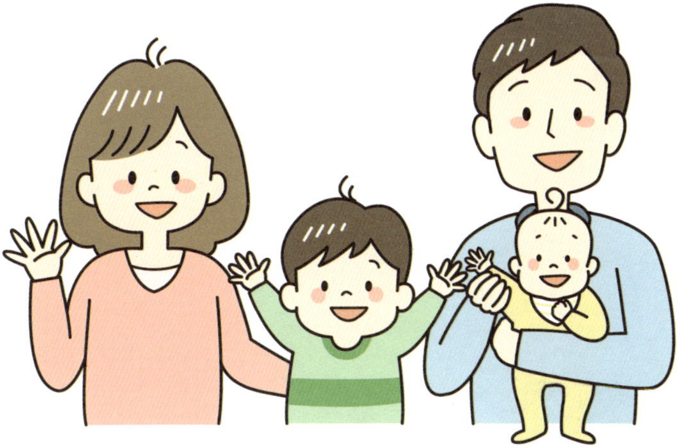

用理解和耐心
回应孩子的情绪

如同前章所述，Alber 七个月以前，是我一对二的甜蜜期。但自从他开始爬行、叫妈妈、抢玩具后，我和 Emma 同时发现，Alber 已经不再是那个只躺在地上玩吊饰的小婴儿，而是个会跟 Emma 抢妈妈的小人儿了。

当 Alber 满八个月时，就可以移动了，他对我和姐姐的活动特别感兴趣。自己的活动和触及范围逐渐扩大，他对周遭环境感到兴奋和好奇，又因为正处于口欲期，什么都想放进嘴巴里。此时进入两岁变得以自我为中心的 Emma 开始发现，这个"小温驯"变成会和她抢妈妈、抢玩具的"小怪兽"。

当八个月的 Alber 靠着爬行移动身体，扩大知觉范围时，为了维护两个孩子各自的发展并让彼此有正确的理解，理解大宝的复杂心情就非常重要。

我同辈的人中，不乏有人拿出棍棒逼大宝就范，或者胁迫大宝让着弟弟妹妹，通常这些都容易让双方出现冲突或流于地下化的偷捏、偷打、偷搓、偷踢等冲突。在教养时，忙乱已经是日常，而失去理解孩子的心理的空间，是现在许多家长感到心累的教养困境。所以，在面对手足竞争时，情绪回应很重要。

理解小孩子的心情

Emma 对弟弟的感情很复杂。有一次，她的玩具没有收好，被弟弟放进嘴巴里面，差点吞下去，我很紧张地唠叨她："你玩完后，要把玩具收好。"

过了一会儿，我发现她感觉很郁闷，便问道："我看到你不开心，怎么啦？"

她说："没有。"但是她看也不看我，转过身去玩玩具。

我说："妈妈唠叨你了，所以你有点生气，是吗？"

她说："对。"

我问她："你感到很无辜，以前都可以在那边玩，但现在不行了，所以有点难过。"

她抬头看我，说："以前都可以玩，现在不能。"

我弯腰抱起她，跟她说："你的心情很复杂对不对……你不讨厌弟弟，但讨厌他吃你的玩具，让你不能在那边玩，更害你被妈妈唠叨，这让你好难过。"

接着我从她的角度思考，和她"核对"心情："想到以前能在那边自由地玩，现在不能了，就难受……现在想玩的话，因为怕弟弟吃下去，要马上收拾玩具。一边玩一边又感到很紧张，让你不知道怎么说。"

她瘪着嘴，很委屈地说："对！"一下子就哭出来了。

我抱着她跟她说："我了解，我也觉得很难过。以前能尽情玩，现在不行了，换谁都会难过。"

她感到别扭，也想掩饰自己的心情，表示她可以，但泪水是无法骗人的。

我说："我们一起想办法好吗？有Alber也会很好玩的。""只是他跟你玩的方法和地点不一样，其实你也喜欢找他玩。""只是觉得和他玩有点麻烦，或者会惹上麻烦，我了解。""那我们一起想办法好吗？"

善用同理心

有时候Emma看到Alber拿出某个玩具啃，她会说："那是我的，你不准玩。"从出生以来，所有玩具都是她的，没有别人玩过，难怪她会感到不舒服。

在一岁六个月到三岁期间，孩子正值以自我为中心的时期，还没有建立起分享的概念。此时善用同感，说出他的感觉，是很好的情绪同理练习。

"你很不习惯有人拿你的玩具玩，对不对？"

"以前都没有人抢过你的玩具,所以你有点难受,也有点生气,对吗?"

"当你难受的时候,你觉得要赶紧抢回来,怕被弄坏或玩不到,是吗?"

"你也可以教 Alber 玩这个玩具,试试看,就像妈妈教你这样,你觉得如何呢?"

这样做的好处是:首先,让她知道妈妈了解她的心情;其次,思考一下她的想法,并帮助她思考自己行为背后的意图和心情;第三,为她提供其他的选择和方法,让她选择怎么面对需要和其他人共享玩具的情况,怎么一起玩,或者不想一起玩,之后就看她的选择和决定了。

通常被同理抚慰后,她就不会卡在那个心情里面,反倒趁我不在,还会跟 Alber 分享她的玩具,并且摸摸他的头,就像妈妈平常对待她一样。

两个孩子的聆听及学习

当 Emma 是独生女时,我们只关注她一人的心情和状态,但是在有了二宝之后,我们势必也需要将时间和回应需求分配给二宝。我发现，**这时候如果理解大宝的行为和心理，二宝也会在旁聆听和学习。回应二宝的同时，也正好可以协助大宝让她理解二宝的状态，同理并了解弟弟的需求。这时，对父母来说，两个孩子都可以兼顾，彼此的竞争和争宠相对而言也容易被化解。**

例如，当姐姐正在玩玩具，弟弟爬过去抢夺或者搞破坏时，姐姐想要推他，我会选择抱起弟弟，然后对姐姐说："我知道你不喜欢弟弟抢你玩具，游戏时间被打断，所以你感到很烦躁。但你也知道他想找你玩。"此时，可教育姐姐：

① 拿另一个玩具给弟弟玩。
② 退后，不要推他。
③ 大声叫妈妈来帮你。

通常 Emma 也不喜欢弟弟被带离，将弟弟抱走后，她就会说："让弟弟一起来玩嘛！"小孩子的心肠是很软的。等到第二次吵架时，会重复以上情境，直到 Emma 学会为止。

争持不下时，将其中一方带离

我也曾经试过用大声说话或严厉的语气制止孩子的行为。但之后，我一定会解释原因，让他了解危险性。**但我发现这**

种"吓阻"的方式不能常用，否则孩子会麻木，或者放错重点，知道"妈妈很生气"，但仅止于此。当孩子归因于"妈妈开心""妈妈不开心"，以妈妈的心情为依据，而非这个行为背后所带来的后果，或是益处的思考点，未来妈妈的教养之路会备感艰辛，完全可以预期。

所以当孩子争持不下时，我会选择一边将其中一方带离，一边跟带离的那一方说明原因。双方僵持不下，两人都很情绪化的时候，我会带走其中一方（通常是二宝），或者让大宝到家中设置的情绪角落休息一下，缓和及思考刚刚的状况，再回来玩。这时候回应大宝的委屈、生气和无助，是非常重要的。

"分隔，而非驱离"是此时的关键。

相较于将其中一方带离，利用物理空间进行分隔，如精化玩具区和肢体游玩区，会简单一些。因为八个月的婴儿和两岁孩子的需求不同，这样的区隔其实在外面的亲子馆也可以窥见一二。

这些养育的心路历程，都是滋养自己和孩子的养分，不只要让孩子好，还要父母更好，才有机会示范给孩子看。**你也有情绪，有想法，有反思和自省的时刻，在父母成长进化之余，记得也要理解自己的心情，在爱孩子的过程中不觉得自己委屈，这才是真的爱护彼此。**

把你自己,也当成你的孩子一样重视

值得关注的「内在」需求

一个七岁的孩子不会说:"我要把作品扔出去,因为我担心做得不好会让你失望!"

一个五岁的孩子也不会说:"我会捶打墙壁,因为爸妈只称赞弟弟,让我觉得没有存在感。"

一个四岁的孩子也不会说:"我想扔玩具,因为我怕我的下一步是想把弟弟赶出去。"

一个三岁的孩子不会说:"我要赶快哭,不然爸妈就要打起来了!"

孩子的情感往往是非常直接,而且无意识的,当他们感受到大人的心灵垃圾时,就会起反应。这时候我们就更难让他们有效回归正轨,也不理解当下他们在做什么。

孩子的内在需要大人和孩子一起去窥见、一起去探究,像探照灯一样去关注他们的想法和需要,他们会跟随内在的指引,去形成他们自己。 他们会在自己的架构中,不需匆忙,无须赶路,也没有强迫。只需要轻松地接收到大人的指令和期望,然后再微调自己的步调,往融合的方向前进。

脆弱的时候,他会表达自己需要帮忙;挣扎、混乱的时候,他会找你一起厘清内心的混乱;感到挫折、不确定的时候,他会和你一起讨论内心的纠结。

孩子的心境也映射出大人的脆弱

曾经有位父亲来找我咨询,他说他很害怕孩子觉得他无能。他小时候没有能力,被周围的人嘲笑、排斥,所以他从此不再向外界求援。直到有一次,他的孩子不断哭闹,他甚至掐着孩子的脖子,将他逼到墙角,不断问道:"为什么要这样对我?我到底做错了什么?"那一刻他才发现,孩子的哭声让他完全失去理智,感觉自己无能透了。

直到那一刻,他才决定停下来,审视这个受挫又感到后悔的自己。

我跟他说:"我觉得你很不容易,就算你觉得后悔,也感到受挫,你还是来到这里,告诉我你的愧疚,谢谢你的信任,我们的治疗就从这里开始吧!"(为了保护当事人,部分内容进行了改编。)

当你的所有情感都被自己接受,你才有机会停止对孩子投射属于你的心灵垃圾,充分去聆听他内心的声音。唯有尊重你自己,才能让孩子也尊重他自己。

与孩子一同规范"限制"和"自由"

和孩子一起创作的过程中,我最常说的话是:"你可以自己决定。" 而在孩子想要把颜料涂抹在墙上、把水倒进黏土里,或者将沙子弄得满头都是的时候,父母就要依照自己内心的忍受程度来设定限制。

设定限制的情境有很多,不只是玩耍的时候,有时候是孩子该睡觉了,但还想出去玩;孩子要跟大人一起出门,但一直拖延……这种状况下,**即使我们希望孩子立刻执行下一个步骤,也别忘了情感回应,并将他们的状态说出来**,例如:

"我知道你刚刚开始玩车子,玩得很入神,舍不得睡觉,是吗?"

"我们再玩三轮就去睡,好吗?我会帮你计时,这样可以吗?"

如果孩子同意的话,那就按照刚刚约定的说到做到。如果孩子不同意,那就询问他的意见,和他一起制定他认为合理的约定,然后帮助他达成。等他达成后,肯定他的说到做到。

若孩子没有特殊的需求,却不愿意听从,通常有以下几个原因:

1. 过程中没有和他对视。

2. 过程中没有确认他的意愿。

3. 过程中他没有打心底同意。

4. 过程中有其他大人干涉。

5. 过程中没有给他思考的时间。

6. 太快结束让他来不及反应。

7. 他想睡觉、饥饿、弟弟妹妹依然可以玩等，有其他因素让他不满。

8. 前几次约定失败，他现在在试探你的底线。

9. 爸妈说了却没做到，让他有漏洞可以钻。

10. 结束前没有倒数，突然结束游戏。

越亲密，
越要『划分领域』

依附关系绝对是爸爸妈妈和孩子这一辈子最保值的关系宝藏，而所谓的亲密关系，其实也是有界线和极限的。

新冠肺炎疫情肆虐的时候，工作方式也发生了改变，很多人开始居家办公，那段时间，许多家庭的气氛特别紧张，这是因为亲近的人彼此过度"曝光"所产生的发酵。

"曝光效应"就是我们在对方面前出现的次数，对刚谈恋爱的人们来说，在原本的好感度上，曝光效应会增加好感，进而更加了解对方。直到积累足够的素材和差异，就会引发第一阶段的摩擦与沟通。

以小家庭为例，居家办公中，例行的三餐、家务以及照顾孩子，这之间的家务分工以及孩子的管教，还有不方便外出，无法到公园遛孩子消耗"电量"，中间若没有亲朋好友帮忙，很容易让原本就紧张的关系出现危机。因为过度曝光效应，让彼此之间说不出的焦虑，在一言一行的冲突中爆发出来。

人们在压力情境中，会因为焦虑、紧张或恐惧，导致认知功能不灵光，更容易发生争执或冲突而不好好说话。但也正是压力，让我们了解彼此之间的界线、临界点和私密区域。

父母和孩子都是有私密区域的，通常孩子是从同辈或家人给予的自由限度中，慢慢掌握自己拥有的资源和私密区域。在某种程度上，父母知道自己有哪些"地雷"，再加上与孩子的互动,慢慢才知道自己介意的点和为何生气。而我们就在这亲密和自主之间,逐渐塑造家庭"爱的方式"。

协商彼此的"领域"

我常会和其他家长一起搜集彼此的"地雷区"。所谓的"地雷区",在某种程度上是种"私领域"的概念,类似私密区域。每个人的私密领域不同,而这些"地雷区"有时候就是通过人与人之间的互动而碰撞出来的。

人们通过对彼此私领域的理解,互相尊重,关系更加亲密。**即使是再亲密的人也一样会保持界线,如此才会感到舒服和安全。**

当然,一开始需要"原则"来刻意营造和维护,彼此才会感到舒适。例如当孩子去翻你的包,你才发现,原来包是你的私密区。当孩子爬进厨房,你才发现,因为不想让他受到伤害,所以才这么着急地把他抱出厨房。当孩子长大时,你要让他学习待在门外。当孩子将玩具丢得到处都是,你才发现自己心中期望的客厅是什么样子。**你会发现在和孩子一起协商出彼此的空间后,你在家里才会真正安心生活,因为这些界线,都是你**

们的协议。

每个家长一开始都不一定知道自己的私领域，而是通过协议才清楚，当你发觉自己和孩子的极限和界线，才知道哪些不是他故意惹你生气，而是他真实的困难与感受，这时候才能感觉到双方的爱在流动。

A 学会尊重自己，让自己好好休息

允许自己有感觉、想法，同时也要理解自己的限制和无法完美的那一部分，尊重自己的意志、想法和感受，才有办法正确表达内心感受。

B 学会尊重孩子的私密区域，担任"顾问"

当我们尊重自己的感受，低下身子，知晓孩子的感受和处境，才有机会理解孩子有私密区域是一件很正常的事情。当他在里面遇到问题和危机，通过孩童时期对他密集的了解和掌握，父母慢慢地可以退到顾问的身份，双方达到和平共存的状态。

C 能够合理跟孩子提设限

当我们跟孩子提设限时,为什么内心会有种种纠结呢?那是因为我们不了解自己的地雷区,又担心误触孩子的地雷区,如此一来就更容易两败俱伤。所以要了解自己的地雷区,或者是依据孩子现在的行为做出判断,真实诚恳的设限都是有来源和依据的。

D 让孩子也学会尊重别人设限

我们想要孩子诚实、善良、纯真和正直,也希望他能够趋利避害,躲过危机,判断情境,进行协商,这些都需要设限才能达成。例如当同学跟你借钱、当同学常欺负你、当兄弟姐妹常破坏你心爱的玩具、当你感到烦闷不想说话时,你能否根据自己的需求和感受,有效地维护心理空间?

同理孩子的内心设限

父母和孩子都有各自的"私密区"和"开放区",这交织成家的基本样貌,而且每个时期都有调整的空间。我们对待孩子的方式,也因为彼此的关系产生变化。就像妈妈不会永远都是温柔的样子,更不会永远保持母老虎的模样,父亲也是。

孩子的每个样貌,也都有着他希望被理解的地方,每次和孩子的界线防卫战,都能让父母再次发现,原来在孩子和自己之间,也有条无法跨越的沟渠,所以父母必须学会和孩子沟通。

察觉自己的私密区域有许多好处,当我们能够尊重自己的私密区域,才会懂得更多事情。

正视孩子的"私有领域"

当孩子对我们设限时,千万不要慌乱,也不要感到难过或生气,因为他们正在发展和评估私有领域、公有领域、自我和他人内在世界的共存空间,这些共同空间将发展出人际关系的亲疏远近,以及面对情境时如何把握进退的好时机。

面对孩子设限，父母应该带着好奇和探索的心情，理解他的内心小宇宙才是最重要的。为什么家长不敢正视孩子也需要设限，有以下几个原因：

- 不愿意接受自己也被限制。
- 认为自己不需要设限，很开放。
- 当被踩地雷的时候感到不悦，但需要容忍。
- 不了解自己有哪些地雷区。
- 没有机会被正确了解和认识。
- 担心孩子的设限就是权威的崩坏。
- 担心孩子爬到自己头上后就会为所欲为。
- 担心孩子因为设限没朋友。
- 担心孩子因为设限内心有更多压力。
- 害怕孩子以后都用设限来拒绝自己。
- 内心感到被孩子污蔑。
- 内心感到被孩子遗弃。
- 内心感到孩子是不完美的。
- 认为自己是不可以被拒绝的。
- 其他_____

从以上种种担心和害怕中可以得知，孩子内心出现狂风暴雨的时候，父母心里的波澜也不亚于孩子。父母之所以无法和孩子共感，是因为感应到孩子的痛苦和无助，"不能无助""不能失能"正是这个时期家庭发展阶段父母和孩子的议题，因为焦虑的心情会让亲子之间更紧绷和无解，所以通过咨询来回血是很重要的。

不要忘记，每个时期都会有开始，也会有结束。而生气的情绪不耐久，烦躁的情绪也不耐久，当然孤单和害怕更是。

唯有了解孩子的内心地图，才有机会"引流"这些心情，父母要对孩子有信心。要知道，**孩子跟我们一样，有能力面对自己的问题，只是他需要方法，而父母可以给予方法。我们必须在他目前的感觉基础上"+1"，才能帮助他跨越桥梁到另一个地方。**

顺着孩子的内在蜕变，跟随孩子内在的四季，找到这一季你与他一起看的风景。当大人了解设限并不可怕，才能心有余力，协助孩子设限并给自己一个喘息的空间。同时，也明白爱和界线是一体两面，都真实存在。

跟孩子说的每一句话，
都是关系的累积

亲子之间的每一句话，其实都累积在你和孩子之间的"关系存折"，我们常常将青春期和叛逆画上等号，但反过来看，青春期的孩子，发现父母的权威不再像小时候那么大，他就有更多的选择。当他有更多的选择，就有更多的想法，而父母权威的地位就会被架空。当父母所说的话，孩子不愿照单全收时，就会产生所谓的"冲突"。

如果我们平常采取的多是肯定及鼓励，并且能发现孩子在过程中的努力，积极聆听，喜欢帮孩子分析问题，那么孩子在青春期的时候，就更加需要这样的角色，让他在抽象的分析思考中获得助益，父母和孩子之间，就会取得绝佳的默契。 就算是小孩子，对于一些我们得帮他决定的事情，也可以先反映所谓的"限制"，然后跟他一起讨论。设限的时候，跟孩子说明理由是很必要的。

在育儿的过程中，我们很容易发现过去的自己是如何被对待的，但过去的我们并没有好的处理亲子关系的经验，幸好，这是可以练习的。尽管在练习的时候，会觉得很别扭、拗口，但是父母的回应能力是可以在"后天"学习的。

原生家庭的 APP 内建模式

以下这十二种回应方式摘录于《P.E.T. 父母效能训练》一书，是父母最常使用的回应方式。仔细观察看看，其实这些父母的说话方式，都蕴含着对子女的看法，这些看法使他觉得可以对子女这样说话。有时候不是针对某个孩子，而是他对每个孩子，都会这样说话，只因为他进入了"父母"的角色。当他过去是孩子的时候，父母就是这样对待他的。

这些沟通的习惯，在这个角色的召唤之下，被呼唤出来。这是他最熟悉，也是他认为自己能扮演得最好的角色，过往在不经意间就重新上演。试着回想一下，在你遇到苦恼时，最想获得以下哪些回应呢？

1. 唠叨的教诲："不是早就跟你说过了吗？""我看你是皮痒了，居然考了这么差的成绩。"

2. 简洁的命令："你不要跟这个人做朋友交往、来往、相处了。"

3. 语气不好的责备，否定孩子："你这样做就会完蛋！""不要说你是我生的。"

4. 被认可的赞同，肯定孩子，并加以赞许："在我眼中，你是有能力的！"

5 安慰:"每个人小时候都会遇到这样的问题,你不是唯一一个,放心。"

6 让小孩子陷入担忧的恐吓:"不按照我的意思去做,你会后悔莫及。"

7 课题不分离的嘲笑:"你的举动好愚蠢,蠢蛋才会做这种事。""早就跟你说了,活该!""你真的是在妈妈旁边永远长不大的妈宝。""你好丑,怎么想到要化这种妆容。"

8 提供忠告或建议,告诉他解决问题的办法:"我建议你,可以试着多看看别人的优点。""我建议你可以先去工作,再决定是否去进修。"

9 讲遥远的大道理:试着用一些事件、见闻或个人意见影响小孩。"等你上大学的时候,就什么都自由了,我不管你。""做人就是要懂得人情世故,你这么狭隘怎么进入社会。"

10 提出分析:"你这样做只是因为你讨厌他。""他跟你就是不合拍。"

11 提出问题:"是谁要你这样讲话的?""你为什么会有这样奇怪的想法?"

12 打岔解忧:突然把问题移开,分散注意力不再为问题烦恼。"今天星期几啊?"

理智掉线之前，先这样做

我心中一直惦记着一句话："没有一个孩子的心里住着特定样板的大人，而每个大人的心里面却都有一个孩子。"

孩子无法体会到大人的顾虑，这很正常，因为他们正按照本能行事，根本无法想象大人正在顾虑的事，无法理解大人所说的危险和灾难近在咫尺。

他们的好奇、无忧、天真、接近危险，都是与冲动、无章法、不知怎么协调、没有解决的办法同在，所以父母每天都在"战场"中突围。

父母只能蹲下身子，顺着他们的眼光看过去，才能注意到他们的世界。先协调，再找解决办法，然后调整情绪，这些都是长大的过程中需要慢慢经历和学习的事情。我们虽然能预告，但不要让它变成恐惧；能够期待，但无法加速；能叮咛，但无法替代孩子做决定。而这些，就是父母唠叨的原因。

我们不能抱怨父母变得唠叨，对于那些令他们恐惧的事，孩子的做法总在意料之外。如果这些事情只会造成和孩子之间的冲突也就罢了，偏偏还会影响别人怎么看你、亲戚怎么想、长辈怎么说，因为孩子的意料之外变成了集体的恐惧。所以我们能够做的就是，对自己要有信心，要记得，不要在乎别人怎么看，否则事情会更疯狂，这对你和孩子都没有好处。在理智还没掉线前，记得：

1. 不脱口而出评价或者定义孩子的话。
2. 在有限的范围内给孩子自由，才能让孩子真正有安全感。
3. 孩子对你说的话和表现出来的行为，都是依附语言，读懂他的口语和非口语信息，再选择要不要回应他。
4. 适时说出自己内心真实的感受和想法。
5. 如果遇到不同的观点，记得要提出来和孩子进行恳切的讨论。
6. 当我们遇到不知道或不了解的事情，和孩子一起找寻答案。
7. 我们有紧张或不知所措的心情，也可以分享给孩子。
8. 在孩子与别人互动时，从第三者的角度，给出客观的观点。
9. 先表达理解孩子的处境，再给予建议。
10. 和家人不同步调时，正好回顾和思考自己重视的育儿价值在哪里，适时抛出来与他人沟通。

父母每天都在突围，因为适合一个家庭的暂时魔法，都可能会在另一个家庭内变成灾难。我们的童话故事永远都在求助于巫婆，而不是神仙。因为巫婆才有量身定做的配方，以及不能登上市面的隐形暗黑交易，让人可以随心所欲。

每个教养配方都在"家庭"这块土壤上产生，因为如此独特，所以才需要咨询；因为理解孩子的需求，所以我们必须通过具有独特性的秘密配方，抵达自己内心的教养彼岸。

『不打断』地倾听

孩子在某些人生阶段，因为父母的叮嘱、建议和命令，感到有安全感和依赖。

但在下一个时期，可能又感到不被尊重，觉得被父母认为没有能力。父母和孩子之间的关系不是恒久不变的，而是不时在变动的。我们可以多多观察孩子的变化，以便更好地维系关系。

大多数时候，当成人发现与孩子的关系超出预期时，都会越拉越紧，反而造成很大的隔阂和误解。而"诉说"与"倾听"，在这时候就显得十分重要了。

每种说话方式，都有它想要达到的目的和功效，时而念叨、时而闲聊，都在契合彼此之间的关系，如果我们只是一味活在自己的理想关系中，就会非常可惜。没有一来一往的确认，我们就无法了解孩子在每个阶段的感受和想法，甚至未曾倾听他们是怎么想我们的。

父母的回应越多，孩子分享得就越多。当你露出主动倾听的态度，就容易让对方多讲，并找到解决的办法、抒发心情，感觉到你懂他的诚意。当他们感受到自己的烦恼"被"聆听，通过你的回应，感到自己在平等地跟你说话，他也会越往心里去，找到自己身而为人想要有的说话样态。

如果孩子因为想要"反对你""证明给你看"，或是处在

"跟你解释""被插话"等状况,一味跟大人对抗,想要获得大人的关注、认可,最后,反而失去问题的焦点。如果他是为了大人,想要让大人好过或是难受,进而选择坦白或是隐瞒,则失去了意义。

内在蓝图

有时候孩子本身可能觉得自己没有问题,但父母觉得有问题。例如孩子觉得拖拉不做事不是问题、懒散不整理不是问题、吵闹不听话不是问题。这种不自觉的情况,大大挑战了父母认为的孩子"应该出现而未出现的行为",造成父母的难题。《P.E.T. 父母效能训练》一书中提到,将父母问题和孩子问题划分成三个部分:

A. **自认为区域**:孩子认为的困扰已经很大,父母尽量倾听他认为的困扰和担忧,以及想改变的部分。
B. **相安无事区**:父母和孩子同时觉得没有问题。
C. **父母认为的问题**:父母觉得有问题,但孩子不觉得有问题。

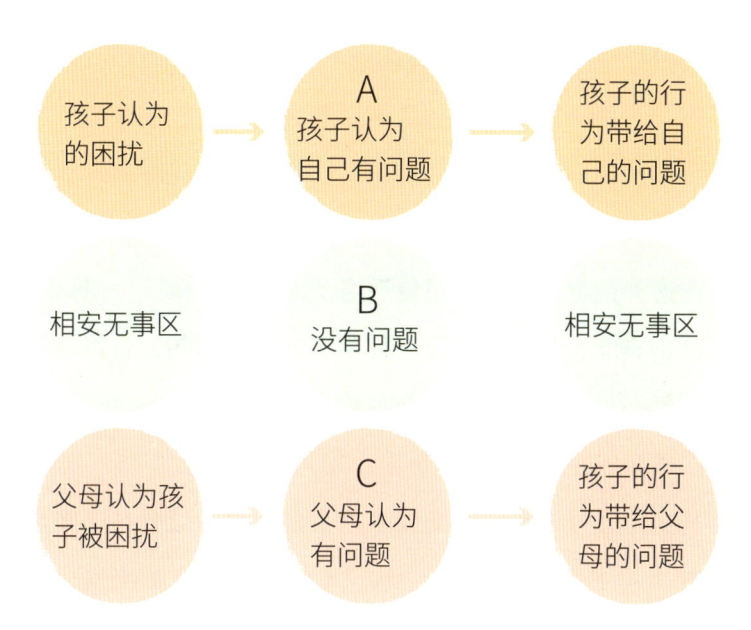

孩子认为的困扰 →	A 孩子认为自己有问题	→ 孩子的行为带给自己的问题
相安无事区	B 没有问题	相安无事区
父母认为孩子被困扰 →	C 父母认为有问题	→ 孩子的行为带给父母的问题

父母的房子　　　　　孩子的房子

我们和孩子之间的落差就在于下图所示：

孩子的房子就像是座空房子，通常都是靠碰碰撞撞，来测量环境的危险性；而父母的房子是已经碰撞、规划和规训之后的房子。

在这种情况下，父母想传递房子的蓝图给孩子，但孩子还没有图的概念，如果我们没有使用探问式的语句，就很容易让孩子误解我们只是想要他们像我们一样。而父母的烦恼是，我们无法确切传递信息，被误解时，容易感到挫折。

其实，父母不需要改变太多原本的习惯，**只要在这些习惯之前加上"主动积极倾听"**，从"不知道"的立场出发，做到"不打断"地倾听、"不预设"对话结果、"不推论"下一句他要讲什么，在孩子说话的过程中适时加上"嗯嗯""哦，原来如此""你认为怎么会这样呢""哇，真可惜""哇，真有趣"。

当我们站在孩子的角度，就会发现**"你聆听他的样子"**是多么美好。当你跟他的烦恼在一起，跟他的人在一起，甚至协助他，和他一起看见烦恼、处理烦恼，不追问进度、不逼迫他，不将自己的过去和他重叠在一起，你就会发现，他活得如此好看，而你也是。

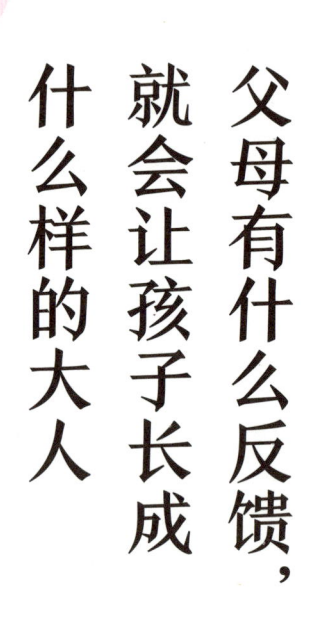

父母有什么反馈，就会让孩子长成什么样的大人

"成为父母"不是只有爱和甜蜜的部分,也有疯狂暴怒、紧紧相连、情绪起伏的时刻。"拥有孩子"并没有想象中浪漫美好,还有哭声、叫声、把屎把尿、哄睡失败、过度疲劳、情绪失调、无法好好照顾自己等情况,有些父母甚至因为孩子的作息而失眠成宿疾。

教养部分的失控,以及夫妻之间的失联感,还有隔代养育的隔阂、落差和沟通不良,都会在孩子不配合的瞬间,一再将过去我们受到父母的羞辱、谩骂、处罚等,那些压制在我们身上,张牙舞爪的经历被召唤出来,而我们也如法炮制,将它复制在孩子身上。

当小孩犯错时,你会用什么当开场白。例如,到了商场看见东西就想买,你当下就跟他"拔河",但他又是尖叫又是狂哭,这时候你的焦虑是什么?

这时候,你会不会说:"你看别人都乖乖的,你怎么就不乖!"不然就是:"不行就是不行!""不是跟你说过了吗?还想怎样,再哭我打你!"

这些都是指责、比较的心态,利用"否定"的思维去管教孩子,希望孩子听进这样的话。不可否认,我们都是在这样否定的原厂思维中长大的,为什么呢?因为"否定"会传染。

在我们父母的那个年代,别人都很认真地骂孩子,你们家没骂,就好像没有管教,所以父母习惯了这样的行为,认为管教就是要拿藤条出来,要罚就罚给全村人看,要让所有的人都知道这个家长很尽责。甚至当老师打电话到家里来时,也要小孩哭给老师听,表示父母在执行职责。

而现代提倡的是正向管教,正向管教不是把孩子的行为合理化,也不是不教导,或是一味说好话,而是**基于尊重人生而为人,给予合适的教导和引导**。这个转折过程最难的地方,不在于选择怎样的教养方式,而是我们都在与自己过去的"原厂程序"拔河。

这是因为我们在无助哭泣时,在谩骂、指责、处罚中忍受度过时,将这些经历吞下后内化,将吃苦当作吃补,忍着、忍着就这样长大了。因为没有其他被对待的经验,也就没有其他的办法。

我们从自己的童年中获得的经验,也正在协助我们的孩子成长,而我们怎么待他们,也影响着他们长成怎样的大人。

与孩子共享情绪起伏

婴儿在六到十八个月大的时候,当父母指向某个方向,他会跟着手指看那边有什么。当父母共享观点和注意力,当婴儿跟上照顾者的手指望向那个地方,他就能慢慢沟通并看见主要照顾者关注的焦点在哪里,这项能力在人生命的早期即达到最初的沟通成果,因为理解而发展出更亲密的关系。

Emma 在两岁半时,当她认为自己没有错,在大人准备对她"晓之以理"时,她就会做出手势,并且说:"冷静、冷静、等一下,你听我说,你听我说说看好吗?"看她这副模样,感到很逗趣,心中也宽慰了不少。

我们常跟她说,事情要商量,但如果情绪化或者打人咬人,就会让对方更想要赢过你。

有一次,我在帮 Emma 洗头,她一想到水要冲在她头上,就害怕得开始大叫。我们家浴室非常小,每一次她只要大叫,回音就会缭绕到让你觉得耳膜马上要震裂。

有一回,当她例行开始要大叫的时候,我把水龙头关掉,问她:"Emma,我注意到每一次开水龙头,你就开始大叫,你真的很害怕对不对?"

Emma 说:"我怕水会跑到我的耳朵里。"

我说:"我知道你害怕,每次只要我开始摸水龙头,你的身体就很僵硬,好像被赶鸭子上架,你尖叫一定是有原因的。不过,你有没有注意过,妈妈从来没有把水弄进你的耳朵里。"

Emma 想了一会儿,说:"可是我很害怕啊,不管你说什么,我都怕,会忍不住。"

我说:"好,我了解你的困难了,只要水龙头靠近你的头,就会害怕。我跟你说,其实你每次这样大叫,帮你洗头的人会很紧张,一紧张,就抓不住你,水龙头一偏,就真的喷进你的耳朵里面了。所以,**你对别人也是有影响力的**,你可以紧张,可以害怕,但先选择不要尖叫和甩头,否则只会让你不想发生的事情发生,可以吗?你可以选择练习数数,十、九、八……如果时间不够,我会请你再数一遍,尽可能让你安心,你愿意这样试试看吗?"

接下来的几次,只要她克服了,就会跟我说:"妈妈,你看,这一次我没有叫,你也没有把水喷到我耳朵里!"

我会点点头,肯定她说:"谢谢你信任我,妈妈知道这对你来说很不容易,你也在练习,我会陪着你练习,就让我们一起练习,好吗?"

"心智化"的里程碑

幼儿的早年心理发展历程,有一个重大的里程碑叫作"心智化"。心智化简单来说,就是"了解自己的状态处境"以及"描绘他人状态处境"的能力,某种程度来说,也是调节自己和推己及人有同理心的一种能力。幼儿在尚未发展出这个能力以前,都是以自我为中心,无法顾及他人的。

当一个人能够停留一下,感觉自己的感受,进而表达出这些感受和困难,就容易让对方理解,并且拓展自己理解他人处境的方式。

这种反思能力并非幼儿与生俱来的,需要父母或主要照顾的人,像一面镜子一样说出他们的处境和选择,才有机会讨论如何做出不一样的选择。

这个过程中,幼儿会慢慢地将情境,通过自己可以理解的方式重新描述出来,这项功能会在未来演变成他可以容忍、在压力中回神思考、面对情绪可以具有耐受度而不是压抑等能力。

如果父母可以在情绪或想法上反映孩子的状态,并且让孩子知道自己也拥有意见和感受,将协助孩子不被剥夺最核心的

心理结构，当孩子无法发展出感受自我的心理结构，就很难正确感受他人，反而会造成一些认知的偏差。

当父母能够将双方的处境说得清楚明确，通过一次次的情感反应，日积月累，就可以帮助孩子发展出情感调节的能力，而情感调节的能力，慢慢奠定心智化基础的发展，最后发展出调节自我与调整人际社交的能力。

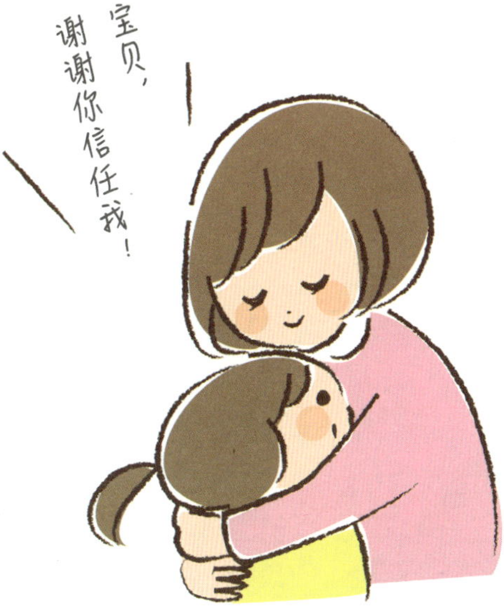
宝贝，
谢谢你信任我！

完整的父母
和完整的孩子

好的童年能治愈一生，不好的童年可能一生都需要自我疗愈。对孩子来说，也许一个月就能通过游戏治愈，大人可能一整年都不够。

在孩子的世界里，他们常常因为很多事情崩溃，其实身边的大人也是如此。对孩子来说，他想睡觉、饿了、不耐烦、玩游戏舍不得休息、不确定接下来怎么做、不知道接下来大人怎么回应，这些都是他的情绪爆点。对于大人来说，何尝不是如此？

当我们批评一个大人情绪管控能力差，对孩子凶，换个角度想，这时候的大人是否也正遇到很大的困难？这就像是一个家的空间有限，当父母没被关心、没被听懂时，小孩对他们来说，可能是瓜分所剩无几独处空间的存在。

父母可能正在烦恼负债怎么偿还、夫妻关系不睦、生活分工、教养意见分歧、恼人的姻亲等，夫妻实在有太多可以烦恼的事情了。而孩子也很重要，这些纠结聚在一起，空间就更不足了。

所以在亲子关系咨询的现场，当我们要父母腾出空间给孩子时，我们也不能忽视父母内心的空间正在关注什么事，当这些事情都被重视，孩子才有机会被重视。

父母体验过什么是被尊重，才有机会尊重自己的孩子，也才有机会知道原来自己心里面需要腾出空间,知道怎么对自己诚实。而不是被教养的"应该"弄得自责不已,到头来却想推卸责任,这些都是内心空间不足的呼喊。

腾出心理空间,就能理解眼前的孩子

我们的内心有三个空间:

1. 自己的舒适空间。
2. 容忍孩子的空间。
3. 无法容忍的空间。

首先,当我们正在烦心时,将自己烦心的事情全丢在"无法容忍的空间",你就会发现这些空间变大之后,其他两个空间就变小了。你的烦躁是来自"舒适空间被压缩""对孩子容忍空间变小"了。了解被哪些烦心事瓜分掉内心的余裕空间,我们才知道心里还有地方可以去,如此教养才有弹性,才不容易因琐事和他人的目光,把自己瓜分得四分五裂,弄得不成人形。

当孩子见到你不成"人形",一定会找一些事情分散你的注意力去管教他,所以父母谈管教之前,得先成"人形",才有机会说人话,做人事,进行有智慧的教养。因为唯有你完整了,你的孩子才有机会完整。

给孩子符合年龄的期望

知名学者鲁道夫·斯坦纳在《人学》中指出，随着自我意识的增长，孩子的意志也会跟着提升和强化，并且由单独的生理冲动和直觉的行为，拓展到更具意义、责任的积极行动，逐渐发展出超我。最典型的就是从"我要"的观点，拓展到"你要"的利他性质。但在这期间，所谓的负责任的行为需要慢慢培养，并且在每个阶段给予孩子合理的期望。

四岁以前的孩子就是受内在指引的召唤，边做边学。他们不停地动，是因为身体发育需要靠每块肌肉的动作，做出不同的联结，他们无法安安静静地听课或坐好。**通过玩耍，他们更能够体会到自己对外部世界的掌握度，并确立自己与外界的关联。**

所以父母对孩子有合理的期望和关注，这是早期亲子教育的重点。孩子们失控、冲动，而且完全无法控制自己，他们我行我素的行为、活泼好动的天性常常被父母视为麻烦和耗电，而父母的每一句"不行""不可以"，也会被暂时视为耳边风，这样的状况大约会持续好几年。

与此同时，孩子也无法不受外界的影响，他们会行动化、独断专行，进而产生连锁效应。

在 Emma 两岁多的时候，她常常学习弟弟的行为，我们常常问她："为什么你要学弟弟呢？"

她给了身边的大人内心最真实且纠结的答案："我也不知道，我就是控制不住，我看到他爬上去的时候，我也想爬上去，好快乐。"

当时的我们一直疑惑孩子是否真的能不受影响，且具备自制力。当我们获得这个答案的时候，开始转换教养态度，给予示范多于询问。我发现，当我淡定地跟她讨论她的行为时，特别有效。她会将这些反刍到刚刚发生的事件上，在泡澡、玩游戏、讲绘本的时候，再说一次给其他照顾者听。

有一次我跟她说："刚刚弟弟把东西吐出来的时候，你也跟着吐出来，让妈妈有点苦恼，你那时候怎么了？"

Emma 说："我也不知道，觉得他那个表情很好笑，就想要变得很好笑，就跟着吐出来了。"

我说："是啊，弟弟的表情真的很逗趣，但你知道妈妈为什么笑不出来吗？"

Emma 说："不知道。"

我说："是因为妈妈买菜很不容易，每一次做饭都花好长时间，你们在那里一边吃一边吐的时候，我觉得有点难过。这么有营养的东西，很多都吐在地上，就不能吃了。这样你们不能健康地吸收，妈妈也很难过，花很长时间准备的心血不被珍惜，你觉得该怎么办？"

"就捡起来啊！"她立刻跑去捡。

隔天她跟奶奶说的是："我每天做饭很辛苦，要准备很长时间。我的孩子不吃就算了，还吐在地上，要我怎么办？"奶奶听了都啼笑皆非，觉得她怎么这么可爱，也慢慢从她的复述中了解我们的育儿日常，到后来这些都变成了新的话题。

两到六岁的孩子就像大人的镜子，有样学样，也因为镜像神经元的作用，能很快地学习大人的情绪和想法，我们得记住"恒温教养"，为孩子提供良好的学习典范。

十大教养困境解方
——心理师妈妈的『恒温沟通术』

三岁以前的孩子，讲也讲不通，听也听不太懂，做也做不太好，还总是嘻嘻哈哈不当一回事。对！这就是孩子的世界，在语言表达之前，就已经出现各种冲动行为。距离冲动时期已经很遥远的我们，面临这些挑战，理智常处于崩溃的边缘。

若你对孩子发展的期望是符合他年龄的，你就会逐渐了解到他真的不是故意激怒你，可能是发展阶段的各种试错学习，也可能是敏感期的到来。没错，你可能还会面临玩插头、爬高、咬弟弟妹妹、粗鲁折断玩具等令人崩溃现象。如果你脑海中盘旋着这些画面，那么恭喜你，你已经融入了育儿场景，并且对身为父母拥有了许多自我期待。

我们先将安全问题放到一边，体会一下孩子的内心世界，当他们面对"每个第一次"时，都是在经历前所未有的震荡和冒险。他们做不到的事情还有很多，没办法掌握自己的肌肉、没办法不用嘴巴探索世界（尤其是零到两岁的口欲期）、不由自主地将抽屉开开关关，什么都要按照他们的规则，你阻止的事情也马上做给你看，不理会你的劝阻，他们不断用动作来体会感觉，什么都想做做看，解锁新的能力，也冲撞了你原本建立的界线。

有孩子的地方，就会一团混乱

在孩子的世界中还没有界线，也不遵守指令和规则，更无法理解抽象的劝说，例如"五分钟后，我们要……""再等我一下"。孩子会感觉到永无止境的分离，进行爆炸式的抗议，完全依据内在冲动行事，充满被阻挠也要去做的冒险精神，不了解哪里可能危机四伏，只要不符合他的意愿就哭给你看。当你也慢慢回想起，你面对的所有第一次的新挑战时，那种心脏怦怦跳的兴奋感，你就会知道，孩子的真实动机可能都很模糊，但真的并非冲着你来的。

我们要相信孩子正在逐渐建构心智，所以父母的反应式倾听、自言自语式的回应和猜测，对孩子来说都是非常特别的经验。只要我们不放弃，当孩子抵达两岁的自主、三岁以后想象力和创造力的反馈，将让你惊叹不已！

> **情境一**
>
> 孩子赖床，不刷牙也不穿衣服，拖拖拉拉，还会对父母大呼小叫，让人崩溃。

① **先判断孩子的不配合时段和状况**。孩子在早晨还没醒过来时，精神最萎靡，当大脑还没醒过来时，配合一些运动，例如抱着孩子站起来轻轻摇晃身体，或者跟孩子说，**我们像大树一样伸伸懒腰、像毛毛虫一样往前蠕动、像青蛙一样伸腿跳跳、像猫咪一样拱起背等**，用一些亲子活动，即搭配一起做动物的动作，目标是让大脑和身体一起慢慢醒过来，让孩子回神后再进行一天的活动，避免孩子因为身体没醒来，起床气发作而情绪化。

② **观察孩子情绪状态的变化**。例如耍赖前发生了什么事，耍赖前他正在做什么，他是因为正在进行的活动被打断而大呼小叫，还是单纯地想耍赖。如果他单纯想耍赖，我们也可以跟他说河马要上学了该怎么做，"哇！嘴巴张开，只有四颗牙，四颗牙，呜呜没刷牙只有四颗牙，一二三四五六七，我的牙刷在哪里？在这里，在这里！一二三四五六七，我的牙齿刷干净，好舒服好清爽！"搭配动物想象和童谣的方式，帮助孩子迅速做完该做的事情。

❸ **同理性回应**。"我知道你现在拖拖拉拉的一定有原因,不过你看看时钟,已经八点半了,如果你很想去公园,妈妈拖拖拉拉的,你有什么感觉?现在八点半了,妈妈也会有压力,我也会害怕你上课迟到,我上班也要迟到,这样我们都会被骂,你觉得该怎么办?"

❹ **情境式回应**。"我看到你今天特别拖拖拉拉,可以跟我分享一下为什么吗?你拖拖拉拉又跟爸妈大呼小叫,就更没台阶下了对不对?但其实你也想把很多事情都做好,集中在一起做,又没有一个能做好,就干脆什么都不想做了是吗?这样下去好可惜,因为你会容易被人家误解是不会做,爸爸妈妈帮助你,让你不被人家误解好吗?来,我帮你套一半,你自己伸出来一半。"

情境二

要睡觉了还一直去开灯,一直要玩或是让父母讲故事。

❶ **判断环境的状态是否符合睡觉情境**。我们家在睡觉前会关掉所有的灯,并且播放睡前故事,建立要睡觉的仪式感,提醒孩子要睡觉了。假如他还是一直开开关关电灯,没办法自我控制,我会先将电灯用纸盒包起来,因为灯源的刺激,会让

孩子不容易入睡，所以在物理空间上我会做调配。另外，**也会将播放的故事调小声一些，提醒孩子"很想听故事的话，要很专心听才听得到"，帮助孩子竖起耳朵，关掉其他感官知觉**，慢慢进入准备睡眠的状态。

❷ **进行有助于感觉统合的活动。** 在睡前我们会和孩子一起玩"石化"的游戏，请孩子跪坐在床上，然后身体趴向大腿，眼睛闭起来，有点像是瑜伽中"婴儿式"休息法，**和孩子一起慢慢数一、二、三……一直到十，越慢越好，让孩子只剩下耳朵在工作。** 当孩子做好了，再开始播放睡前故事。也可以协助孩子像乌龟一样，将双脚一只一只伸出来，平趴在床上睡觉，或转换成自己喜欢的姿势。

❸ **芳香精油的催化。** 孩子过度兴奋之后就是过度疲惫，在孩子一岁半后，睡觉时，我们家会使用稀释过的芳香精油，通过嗅觉直接吸收，再让孩子闭上眼睛，帮孩子做身体按摩，使孩子肢体的神经镇定下来，充分放松后入眠，通常效果也不错。

情境三

迟迟不肯写作业、无法专心，想要看电视或玩玩具。

❶ **针对环境予以调整。** 家中是否有属于孩子的书桌，他写作业时，玩具是否随手可得，家人是否在看电视，他的兄弟姐妹是否在旁边吵闹，又或是大人一直在开放的空间中聊天。建议在环境上予以调整。面向墙壁，且桌面干净的书桌较容易帮助孩子专心。

❷ **了解孩子的困难所在。** 若环境得宜，也少有外界干扰，**就得了解孩子写作业时的心态和困难，在写作业之前尽量少进行刺激性强的活动。** 并且通过玩积木和解谜的方式，和孩子讨论当他写到哪里就是突破到哪个关卡，适时提供奖励，例如盖一个孩子喜欢的印章、玩一会儿玩具等。之后若想增强效果，增加玩玩具时长，或约定在一定时间内写完，就可以专心玩玩具等，都是不错的办法。

家长可以在一旁观察（建议斜后方45°），了解孩子迟迟不肯写作业的原因，是否真的存在困难，例如是握笔太用力，手容易酸；或是完美主义，写了又擦掉；又或是注意力不集中，容易漏题、看错题目等。

❸ **建立写作业的趣味感**。父母可以和孩子一起用"打怪"的方式完成作业，也可以在休息活动时，用教具和孩子一起玩数感游戏、语感游戏、科学感游戏等。父母对孩子的教材越熟悉，就越能在日常生活中引导孩子触类旁通，让孩子的学习变得有趣。孩子会爱上找你讨论，一起解谜！

情境四

不乖乖坐好吃饭，这个不吃，那个也不吃，在餐厅跑来跑去。

❶ **感觉统合的评估**。有些孩子坐不住，像虫一样扭来扭去，这也许跟孩子的触觉敏感度和刺激度有关。有些孩子非常介意衣服的标签，介意衣服的缝合处带来的不适，这也许跟感觉统合有关。有些孩子则容易分心，加上餐厅是个有多重刺激的地点，孩子的好奇心很强，很容易分散注意力，如果再加上不是很饿，食物的吸引力不强，好好进食这件事情，就会变成父母和孩子的奋战内容之一。如果孩子经专业评估后，确认触觉较为敏感，就需要在专业治疗师建议下帮助孩子进行触觉减敏，从日常的活动等介入，帮助孩子的感官系统变稳定。

❷ **耐心鼓励，让孩子爱上食物。**孩子这也不吃，那也不吃，常常让父母很困扰，我的孩子也有相同的状况，尤其对于未接触过的食物感到排斥。首先，我会将食物变得好玩，或者一边讲故事，一边协助他鼓起勇气尝试新食物。尤其小孩子对于陌生环境的适应度没有大人强，用故事带入，将食物摆出有趣的造型，又或是帮助他了解他喜欢的童话故事人物都爱吃什么，列出十大排行榜，可以协助他尝鲜。

我的孩子有一阵子非常偏食，那阵子我的底线就是先补充营养品，让自己不那么焦虑，至少那时候该摄取的营养有摄取到，接下来就有心里空间和余裕，协助孩子慢慢尝试新食物。**重点是父母不要被焦虑牵着走，不在此时惩罚或唠唠叨叨，其实父母是有机会协助孩子建立对进食的好感的。**孩子往往都是一阵一阵的，什么时候开始爱上进食，谁都说不准，但在这之前父母千万别因为焦虑，失去和孩子靠近的心，耐着性子一次次鼓励他尝试，孩子爱进食的这天一定会到来的。

情境五

在家里玩水、玩沙，把家里弄得到处湿哒哒、脏兮兮。

❶ **适度设限，孩子玩得更开心。** 将东西拿到不该玩的地方玩，几乎是每个孩子都会做的事，例如将水倒在地板上，看你的反应，或者是将沙子倒进马桶里面，看会流去哪里。孩子对于世界的看法和成人完全不同，对他们来说，尝试玩 A，尝试玩 B，并且将 A 和 B 放在不同的空间，放置在不同的地方，都是他们沉浸在自己的世界里，通过"玩法 + 1"进行的启蒙。但有些东西是不被允许这样放置的，例如水就不能倒在插头附近，会有危险，而沙子倒在室内更是难以清洁。所以，跟孩子充分设限是非常重要的。

❷ **聪明设限三步骤。**

a. 同理式回应："我知道你／我看到你／我知道你想……把沙子倒在屋内"。

b. 说明设限内容："阳台是专门为你设置的玩沙子的地方，不能将沙子拿进屋内，要玩可以在阳台玩，屋内是不行的"。

c. 给予选择："你可以选择：①将屋内打扫干净，将沙子拿到阳台玩；②出去玩屋外的沙子，但不能带进屋内；③如果你忍不住，今天就选择先不玩沙。"如果孩子一直胡闹没办法选择，父母可以冷静坚定地给予最终选择："亲爱的，如果你还没打定主意，我数到五就帮你选了哦！我的选择是我们今天暂停玩沙，直到你学会不将沙子弄得到处都是为止，作为替代，你可以选择玩黏土或画画，你选一个吧。"

❸ 设限的说明，让孩子有更好的选择。

a. 同理式回应的目的：让孩子看见他目前的行为，以及表示父母已经接收到并了解他的问题。

b. 说明设限内容的目的：帮助孩子了解场地、玩法、处境或时间的限制。

c. 给予选择的目的：为孩子提供有限的选择，让孩子有机会做出更好的抉择和行为，不但增强孩子的自主性，也能让孩子为自己的行为负责。父母要给予孩子选择的机会，让孩子在有限中做出更好的选择，避免亲子之间情绪化的对抗。

如果孩子无法依据处境做出好的选择，为增强孩子对情况的控制感，以及避免他做出让家长更崩溃的行为，**最后须由家长告知他、帮助他了解选择的行为是什么，并且提供可替代的做法，引流孩子的情绪，帮助他回稳心境。**

这些设限的目的，都不是让孩子觉得自己很糟糕、需要被处罚，而是让孩子有更好的选择。假如孩子对于你的选择有意见，也可以同理回应他说："对呀，我知道你对我帮你选择的方案不太满意，很可惜这次你做不出决定，只好我帮你选。亲爱的，下一次当妈妈跟你商量的时候，你把握机会试着自己选选看好吗？这样一来就不是我帮你选，而你也能练习在不能做的限制之下，做出更好的事。"鼓励孩子下一次做出相较而言自己喜欢的决定。

依据我的经验，孩子在两岁九个月左右，就可以接受这样的设限，也会感受到"原来不能自己选择是这样的感觉，好可惜，我要把握下一次的选择机会"，进而慢慢对自己的行为有掌握感。

情境六

在超市、便利店吵着要买糖果、汽水。

❶ **发挥故事创造力，善用主角特质，为孩子提供多重思考的选择。** 超市、便利店的诱惑非常多，加上如果主要照顾者的消费观念不同，就更容易让孩子什么都想要。有一次两岁半的 Emma 在玩具区看到了《美女与野兽》故事里的贝儿小娃娃，

就闹着说:"贝儿耶,只要是公主我都要,都是我的!我的!"

我跟她说:"哇,你已经有两本贝儿贴纸,一个贝儿娃娃了,我能感觉到你很喜欢贝儿,是吗?"

Emma 说:"对呀,只要是贝儿都跟我有关,我喜欢,我想要!"

我问:"不过贝儿在这边有好多好朋友,你看旁边有野兽,有阿齐,有茶壶阿姨,如果她跟你回家了,她会很孤单怎么办?"

Emma 说:"不会啊,我们家有三个贝儿陪她,她就是要跟我回家!"

我说:"这样啊!我能了解你觉得自己跟贝儿很像,喜欢看书,又喜欢冒险,你看这个便利店,就是贝儿选择冒险的地方,就像你喜欢去有两层滑梯的公园冒险那样,你想想如果你去公园冒险,突然被带走去别人家,心情会怎样呢?"

Emma 回答:"嗯,我会难过,会哭,还想继续玩。"

我说:"是呀,妈妈一定会尊重你的决定,让你多玩一下再回家,但我们问不到贝儿的决定,如果一下子就把她带回家,她也会很难过,我们让她在这边喝酸奶,和朋友在一起好吗?妈妈很会画画,我回家后画贝儿给你,我们创造的贝儿就可以一直陪着你。"

Emma 也觉得这样不错:"好耶!贝儿拜拜!"

❷ **给予选项，改掉孩子吃零食的习惯**。在我们家，孩子没有吃糖果、喝汽水的习惯，但若在超市，孩子饿了，我们会挑选比较天然的食物，例如香蕉或现煮的玉米等，且随身携带可食用色素笔，在香蕉上画上不同表情，表示香蕉愿意被吃掉，期待被孩子享用，所以孩子不会要东要西。若孩子要吃不健康的食物，大人想拒绝时，可以善用"情绪同理＋设限＋给予选项或限制"的方式："我知道你很想买零食，是因为你饿了，但零食会让你一下饱一下饿。我们可以选择一、二、三这些产品，不仅可以让你饱，还可以让你心情愉快起来。"又或者跟孩子说："我知道你现在看到这个零食就很想吃，非这个不可，但家里已经准备好晚餐了，你可以选择多看几下，多摸几下，然后把它放回去，或者跟它好好说再见就回家，不要眷恋。"

如果孩子继续吵，大人可以更慢速地跟他说："我知道你看到就想要，妈妈也有过这样的心情，但家里已经有饭了，加上妈妈没带钱，很可惜这次不能买了，下次出来我们可以再商量，好吗？"假若孩子不接受，你可以跟孩子说："我了解你的心情，看一次就想要一次，如果你一直看就会一直想要。不能给你买妈妈也很为难，我只好先带你离开，帮助你先冷静一下好吗？如果好的话，我数五、四、三、二、一，就带你离开了哦。"（然后把孩子抱离现场）事后再和他说明当时的处境，以及父母的为难，并邀请他合作下次到超市不失控的演出。

一方面得让孩子知道，你并不会因为他的吵闹而被控制（脱口大骂、妥协购买、剥夺权益、权力抗衡），当你越不容易因为他而失控，他就越不容易用情绪化来控制你的行为。

情境七

每天都会吵！兄弟姐妹为了争玩具而吵架、打架。

❶ **兄弟姐妹竞争，相爱相吵为常态。** 兄弟姐妹会为了争玩具而打架，如果年纪相仿，像是剪刀、胶水、美术用品等，我都会为他们各自准备一份。但难也难在孩子通常会觉得对方的比较好用，通常我会共情他们的情绪，回应他们的想法，顺

便情感联结："我看到你一直抢姐姐的剪刀，是因为你觉得她的比较好用是吗？""哇！姐姐用得好顺，弟弟好羡慕你，让弟弟也很有信心，好像他也能拿得好，难怪他想用你的看看，你愿意借他试试看吗？"如果愿意就过关；如果不愿意，我也会回应："你可以决定要不要借，毕竟那是你的东西，就算弟弟很想要也不该抢的，等你准备好想借他试试看，你再跟他说吧！"当姐姐被称赞能力好、耐性佳、有决定要不要借的权利，通常都会愿意借的。

❷ **兄弟姐妹抢玩具时，立刻化解冲突的话语。**当弟弟抢姐姐玩具时，我会跟弟弟说："弟弟，我知道你很想玩姐姐的玩具，但那是姐姐的，她没有借给你的时候，你抢来也不好玩了，对吗？""尤其你原本想和姐姐互动，结果因为抢她的玩具，闹得很不开心，你也觉得很扫兴是吗？那我们一起想想，怎么一起玩会更好玩，好吗？"

假若弟弟年纪太小，抢了姐姐玩具，而且是姐姐走到哪儿玩到哪儿的玩具，我也会跟姐姐商量："其实弟弟和你小时候一样，什么都想试试看，要不我们跟他沟通一下试试看，因为他沟通能力越好，越容易和你商量，你也不会这么委屈，毕竟推他也不对，不推他又抢不回自己的东西。你觉得这样可以吗？"

情境八

一直吵着要看动画片，一关电视就开始大喊大叫。

1. **温和地倒数时间，不随性关闭电子产品**。无论是电子产品还是孩子进行的活动，在结束前必定要先倒数时间，这样一来，就不会让爸妈陷于说到没做到的窘境，更不会让孩子养成用情绪化的方式突破规范的习惯。例如当电子产品使用的时间还有十五分钟就结束了，就要和孩子用计时器倒数，十分钟时提醒一次，五分钟时提醒一次，最后让孩子"冲刺"五分钟，结束这一回合。最忌讳突然关掉电子产品，或者拔掉插头，因为使用电子产品时，孩子被激发的是原始大脑的循环反应，尤其蓝光的吸引更让他们无法克制。**而父母不随性关闭，采用温和不威胁地预告和倒数等方式，孩子即便抱怨，也得接受与父母的约定这一事实。**

2. **事先预告，建立愉悦的亲子互动**。人类的大脑是从边缘系统（情绪脑的部分）开始成熟的，而理智的判断通常在二十五岁时才趋于成熟。这么漫长的成熟过程，使得孩子往往无法用理智拉住冲动行为进而犯错。当孩子无法克制的时候，最好的方式就是先预告，一起设限和倒数；孩子一定会有怨言，但也会一次次学会刹车和控制。通过日常的耕耘和保持淡定的态度，才不会让孩子一直放错重点，父母相较而言也不容易跟着崩溃和情绪化。

> **情境九**
>
> 对父母大呼小叫、没礼貌，还会打父母（但孩子觉得很好玩）。

❶ **先同理表达，再说理。** 当孩子大呼小叫、没礼貌的时候，我会学他讲话给他看，让他知道他的反应很大，然后加上："我知道你很兴奋／受挫／无助／失望，所以你很大声地想告诉我你的感受，我了解了。"

"我也想跟你说，我就在你旁边，小声跟我说我也会听到的，因为你很重要，你说的话很重要，你的表达也很重要。"

"所以，请你不要用打我的方式。如果你打我，反而就失去重点了，我会抓住你的手，避免你继续做让我不舒服的举动，这样你了解吗？"

❷ **情感回应，让孩子了解你的心情。** 理解孩子的兴奋和挫折，回应孩子的心情，伺机教导孩子学习其他的表达方法，并且协助他做到。最重要的是，别等到他已经心神不宁、理智掉

线时，你还想要他自己发现哪里做错了，通常他很难自觉地知道哪里让你不舒服了。尤其是两到四岁的孩子，他们很容易因为自己的内在冲动而做出让你感到难堪、傻眼或表错情会错意的行为举止；他们也通过不断越界，来修正行为，使其更合适。这期间一次次回应，让孩子了解你的心情，也是很重要的情绪学习。

情境十

故意将东西放到嘴巴里面给你看，作势要吞下去。

① **表达出爸妈的担忧，孩子能听得懂。** 孩子很喜欢做让大人意想不到的事情，不分轻重。他想传递的往往是：看看我，我多么不一样，我知道可以这样用，你说的不会发生在我身上，我是特别的存在等。这些独特性的需求并没有错误，但在有些父母看来就特别危险。如果是不能吞食的东西，我会跟他说："我知道你想要我注意你，但这个东西很危险，你的食道这么小，如果吞不下去，卡在喉咙，你一定会很难受，我舍不得你难受。"然后趁机顺势将他的东西拿走，并且跟他说："你可以选择放好吃的饼干在嘴巴里面，再给妈妈看，

我会很开心。"然后把东西收拾起来,并且留意是否有违禁品出现,避免孩子吞食。

❷ **了解孩子错误行为背后的需求。**阿德勒曾提出:"孩子的问题行为,通常有其目的。"我们以父母常有的感受为出发点,推测孩子的目的,了解孩子错误行为背后的需求,进而指出错误并协助孩子做其他选择。我们一起练习通过自己的感觉和回应,来看看孩子目前是如何用错误行为,抵达内心渴望的目的地吧。

孩子通过自发性的"玩",沉浸在内在敏感期的"神谕";通过不断累积感官经验,从父母的态度中定位自己。

身为父母,我们除了设立界线、保护孩子、教导孩子,最重要的是让孩子了解到"限制"背后的关心。

而现代的父母,在使用电子产品以外的时间,陪伴孩子也有妙方,居家改造、游戏、涂鸦、绘本、剧场演出、父母回应等,已成为亲子恒温沟通的新界面。

第 3 章

爱的游戏让孩子与世界产生联结

父母和孩子之间的『潜在空间』

儿童精神分析大师温尼·考特曾说过，游戏为父母和孩子提供了一个潜在空间（Potential Space），而这个潜在空间通常直达孩子的内心世界（身与心的关系），与真实或外在世界做了个对照。

当婴儿呱呱坠地，和外界开始互动时，如果照顾婴儿的人没有给予回应，甚至面无表情，婴儿会渴望与照顾他的人发展出联结，这是人的本能，在婴儿的时候就是这样。从心理学家埃德·特罗尼克（Ed Tronick）的"面无表情实验"，就能看到这一现象。外界没有预期中的变化时，婴儿对于照顾他的人会给予什么样的回应？这当中有个空间，承载着双方的预期，就是所谓的"潜在空间"。

听起来有点抽象，但是这个空间，对于孩子的创造力、现实感，以及客观认知都很重要，当这些部分**被他的主要照顾者认可，并给予支持甚至回应的时候，孩子就会发展出"自我感"**。在这个过渡期，孩子会完全相信自己和妈妈是一体的，要到后面才会发现自己和妈妈是不一样的。

八个月的时候，孩子开始在饭桌上玩着"扔"食物和"捡"食物，而离开饭桌就会开始"扔"玩具和"捡"玩具的游戏，在这些"你扔我捡"的过程中，知道了食物和玩具跟周遭环境触碰的范围和距离，通过回音来了解自己的力量，然后再慢慢地掌握。

即使只是这种简单的动作,婴儿时期的孩子也会常常重复,跟周遭环境互动的行为让他们乐此不疲。就像婴儿八个多月时,已经发展出物体"存在"的概念,但是他们也很爱玩把东西藏起来又找到的躲猫猫游戏。

在旁边的我们,只需要回应孩子正在做的事,看着他主动找到玩具,通过这一系列的使用它、玩弄它、藏起来并且找到它的循环,孩子就能感受到乐趣。

在现实和想象中体验人生

孩子在"心理游戏"中,慢慢认同并开始体验,而爸爸妈妈和宝宝在这个"潜在空间"中连成一线,就建造了他的内在世界。

当他开始拿身边的东西玩耍,感受到自己和东西不一样时,就是担任主要照顾者的父母,跟着他们一起玩应给予回应的时候。在游戏中,孩子会有愉悦感以及掌控感,当然也有可能感到挫败;而我们陪孩子一起玩的过程,则提供了一个界面,这个界面包容孩子兴奋和挫败的情绪。这种状态几乎是在迷迷糊糊中发生的，一半来自想象中的世界，另一半则是来自现实的游戏。在现实和想象中，就像孩子拿起塑料瓶说它是奶瓶，他正在想象喂小婴儿喝奶，**这些从外在现实过渡到内心的想象空间，其经验承载着对于现实的焦虑和不安所带来成长时的躁动，照顾者陪玩时好好回应，将帮助孩子获得安全感。**

父母保持恒温，
才能读懂孩子的成长乐趣

父母必须先清楚自己的"地雷"有哪些，才不至于在陪孩子游戏的时候，因为孩子踩到你的地雷区而动怒。有些父母怕脏、怕吵，怕孩子觉得无聊，怕自己没有参与感，厘清这些地雷区，当孩子越界时，你才能同时顾及孩子及自己的感受，并设下界线。

尝试将你的害怕写下来，并自我对话，帮助自己了解其来源，有效处理，让它不至于在亲子关系中被引爆。限制和规范中的自由，才能让孩子感受到安全。就像公路会分成"顺向"和"对向"两个车道，而孩子对教室里上的每一堂课，有预期的空间时，也就不容易踩线。明确表达对孩子的期望，是增加亲子之间安全感的有效方法。

当你能够掌握孩子每个时期的不同，就容易增加自己的容忍度，对孩子有正确的符合他年龄的期待。若要求一个三岁孩子，画画要有七岁孩子的水平，这是非常不符合发展规律的，因为他们的认知、肌肉的掌控、色彩空间和图像想象的能力发展完全不同。然而为什么我们又会被一岁多的孩子不断扔食物的行为惹怒呢？

其实一岁多的孩子，他正在体会"主体"和"客体"的不同，他正慢慢从"母子合一"的关系中，分离出主体和客体。他发现他可以攻击食物、掌握食物、玩弄食物、丢弃食物，在这个过程中，他正在建立与物品之间的关系。

当父母对此有所了解，就不会去限制孩子，因为这是孩子的"内在冲动"正在引领他学会这些事情。但是父母也有自己的地雷区，也需要被照顾。假设你是一个爱干净的父亲或母亲，看到一岁多的孩子这么喜欢扔食物，就可以在地上铺大量的报纸，如此一来，孩子可以依据内在冲动尽情发挥，结束后你再将食物用报纸包起来扔掉，还给地面原本的样貌。这样，我们就可以找到彼此"共存"的方式，慢慢引导孩子将食物扔到报纸上，而不是报纸以外的范围。

父母若想有心理空间享受并看懂孩子成长的乐趣，唯有先了解自己的"地雷"。

关于照顾者的"地雷"

以下整理出父母的几个"地雷"。

父母的害怕	厘清"地雷"的细节
怕脏	什么样叫作脏?弄脏家里的哪些地方令你最无法忍受?你会怎样避免孩子把它弄脏呢?
怕吵	怎样的音调叫作吵?当孩子吵的时候你会如何有效制止他?戴耳塞有效吗?当孩子吵的时候,怎么制止会让你舒服?
怕孩子觉得无聊	害怕无聊的担忧是从哪里来的呢?你在童年时期也害怕无聊吗?当你感到无聊的时候,你是如何跟无聊共处的呢?
怕自己没有参与感	这个焦虑是怎么来的呢?在你的童年时期,不合群或者没有参与感的时候,你都怎么处理?你觉得孩子跟你会有一样的担忧吗?

用"淡定设限"取代"怒吼"

明白自己的"地雷"之后,我们反过来看孩子的行为表现是否合宜。主要有三个考量点:

1. 自己;2. 他人;3. 环境。

唯有三者皆得满足，才是合宜行为。

基于此，给予限制的目的有以下三项：

1. 让孩子了解自己有渴望和欲求。
2. 明白这个渴望和欲求与他人的关系或影响。
3. 知道如何在有限制的环境中完成，达到与环境共存共融。

我们利用例子来说明，假如有个孩子想要在教室射飞镖，他满足了哪几项，又违背了哪几项限制呢？

事件	自己渴望的满足	对他人的影响	环境的合宜度
在教室里射飞镖	O	X	X

除了射飞镖，其他事件也可以置入这三个要点进行考量，也就是可以明确地和孩子讨论，在这个时间、这个空间，还有这个方式之下，他的这个行为是否合适，以及是否有更好的方式来满足自我的渴望。

比如可以跟他说，下课的时候到空旷的操场，在没有人的地方练习，或是请教练协助，在教练的指导下精进技艺，这些都是可以替代的方式。所以父母可以在淡定的设限下，利用下面三个步骤，来代替怒吼：

1. 指认感受:"我知道你很难受/想要/担忧""我可以感觉到你现在……""我知道你很想要……"

2. 说明限制:"但是墙壁不是用来画画的""但是食物不应该丢在地上""现在是睡觉时间了"。

3. 提供其他选项:"你可以选择画在纸上""你可以选择把它放到另一个碗里面""你有两个选项,让妈妈牵你进去睡觉,或者你自己走进去躺在床上"。

同理孩子的想法与感受

如果临场忘了该进行哪个步骤,可以先利用下面这些开场白来帮彼此减压,例如"**我知道你**""**我看到你**""**我了解你**""**我听到你说**""**我明白你想要**"等作为开场白,传递出对孩子的观察,接受他现在的想法和感受。

让孩子看见自己的模样,再告诉他为什么不行,提供限制,并给予选项,帮助孩子做出选择。如此一来,孩子才会在这些选项中慢慢调节,同时想出其他的选择方案。

A. 回顾孩子过往的行为——这个过程有点像录放机录完影片后，回放孩子刚刚的行为，并且让他看到。重点是**充分反映他当时的想法和感受**，他才有机会通过这些行为和想法之间的联结点，回想他会有什么损失，以及他是否还能做出更好的决定。

B. "我"信息的沟通方式——这样的沟通方式，采取的是以"我"为主语，给孩子示范如何表达自己的观感。也就是表达你对他的观察时，不要直接说出"你应该""你怎么""你太夸张了"等主语为"你"的指责。

《父母的情绪，孩子都知道》一书中提到，韩国 EBS 电视台曾播出节目，对象以妈妈为主，让妈妈思考自己是怎样的人，同时进行 FMRI（功能性磁共振成像）测试。

有趣的是，妈妈思考时的大脑反应显示，"妈妈想到孩子，与想到自己，大脑活动的区域是一致的"。这让我们意识到在大脑的认知中，我们常认为孩子就是自己，这也是育儿时，我们容易感到焦虑的原因；加上镜像神经元的作用，孩子的焦躁容易引发父母的共同感受，相对地，孩子也容易感受到父母的负面情绪。

父母对孩子来说，反倒像空调的恒温系统，**我们除了设立界线，保护孩子的安全，教导孩子，最重要的就是让孩子了解到"限制"背后的关心**。我们可以跟孩子一起讨论解决办法，让孩子知道我们很在意他、他在我们的心里相当重要，当他不知所措时，我们也愿意陪在他身旁。

用游戏进入
孩子的内心世界

游戏往往都是自愿、自发的,没有目的性,而且是愉悦的。儿童的情感很难用语言来表达清楚,因为他们的认知发展有限。**儿童在游戏中探索,不断发现新的自己与外界弹性的变化,通过累积过去的经验,并以现在的目光重新定位自己。同样地,在游戏中他们会尝试去解决自己的问题和冲突。**

游戏延伸的第三领域——包容的想象力,指的是一个人处于焦虑情境时,接纳和包容担忧、无助、挫折、与想象中不一样的心情等。在想象的世界中,缓冲内心情绪的各种不适应。

我们在临床治疗中,观察孩子的各种反应,像是如何去使用玩具,并在回应中,逐步说出孩子目前不断发展变化的内在状态,这些都是在帮助孩子往内探索;稳定他们,感受他们内心可以触及的地方,在茫然、困惑中,他们不一定要找到依靠的浮木,他们也可以"定位自己"。

这种人间处所,是现实土地和想象浪潮中间的"潮间带"。拓展潮间带,并丰富孩子生命的海洋,依靠的是父母的有效观察、陪伴和回应。

游戏治疗中,父母要用不评价的方式,将孩子的内心世界细腻地报道出来。借助游戏治疗的语言回应,**我们可以让孩子专注在他的游戏想象里,不打断、不评价、不介入,完全跟随孩子的脚步;让孩子跟作为客体的游戏充分地融合在一起,专注在他的自由选择中。在他的潜在世界里,他可以是妈妈、是青少年、是小婴儿、是奶奶、是巫婆、是火炉、是胡萝卜、是飞鸟、是流星,他觉得他是什么,那就是什么。

用童话拓展孩子的观点

父母在讲故事的时候,也可以提出自己的看法。我和孩子爸爸最常做的事就是一边讲故事,一边提出我们的想法。我发现当我们提出自己不同的看法时,孩子也会发展出自己的想法,然后和我们一起讨论。

自从我帮助孩子拓展对故事的理解,以及了解我们的态度后,有一天,两岁多的 Emma 说她不想看公主系列,因为她们的妈妈都死掉了。

我问她:"那么今天你想看哪个童话故事呢?"

她想了想,说:"小红帽可以,小红帽的妈妈没有死掉!"她的话让我不由得扑哧一笑。

在讲童话故事的时候,孩子沉浸在故事里面,父母可以趁机和他们一起讨论故事中不同角色的心情、想法、立场,观察图画上人物的表情。

有一天，Emma要我扮演灰姑娘，她扮演姐姐。她大声地跟我说："你的衣服这么破破烂烂的，不准去舞会，我们要搭豪华马车去，你这样子让我们很尴尬！"

看她颐指气使，进入角色，尽情演出的样子，我觉得很有趣，问她："如果我们角色交换，今天我是姐姐，你是灰姑娘，你会怎么说？"

她说："我等神仙教母，晚上帮我做出一套华丽的晚礼服！"

又有一次，Emma拿了一本书，请爷爷给她讲故事。她跟爷爷说："灰姑娘又不是动物，为什么要住在地下室？"爷爷被问到傻眼，一时语塞，但也讶异孩子的思考力。

另外，《美女与野兽》中的野兽很像戴着面具，有一天她问我："他为什么会变成野兽呢？只是戴着面具吗？"

我跟她说："他不是戴着面具，他是真的被巫婆变成了野兽，你看他的脚上都是毛，身上都是毛。"

她又问我："那公主是怎么看出来他内心的痛的？"

我有点惊讶，说："那你怎么会感觉到他心痛？"

她说："王子原本是好好的人类，突然变成野兽一定很心痛。"当她沉浸在《美女与野兽》故事中的时候，她似乎也和公主一样，看懂了王子的痛。

有一个故事是拇指姑娘遇到田鼠妈妈，田鼠妈妈让她嫁给鼹鼠，原因是鼹鼠家很有钱，嫁给他一定衣食无忧。

我一边讲故事一边提问："你不觉得很奇怪吗？有钱就嫁给他，田鼠妈妈有问过拇指姑娘喜欢鼹鼠吗？"

这时候她的外婆在旁边说："这个故事过时了，我们那个年代大家的确有可能会饿死，田产都要争抢，饭都吃不饱，很可能有这样的思想，但现在不适合了。"

我总结了一下，跟 Emma 和 Alber 说："在外婆那个年代，有可能是这样，所以这是好久以前的故事了。不同年代有不同的故事传承，让我们也了解那个年代有这样的故事，但你们也可以有不同的选择，就像拇指姑娘最后和花仙子王国的国王结婚一样，找到喜欢和契合的人很重要！"

游戏是最自然的语言

在游戏的过程中，我们不轻易强调某个东西，除非正在进行认知上的学习。

在亲子游戏的特殊时光，我们跟随着孩子的行动做出回应："我看到你拿起那个""嗯，小心翼翼地看了一下""不确定那是什么""好奇却轻轻地放了回去""拿起下一个来看""感觉一下，好像重重的""我知道你在那里偷偷往外看，悄悄观察我要怎么找到你"。

当孩子邀请我进入游戏，我就会说："你希望我怎么做？"而不是按照我的意思打断他的思绪，或是硬闯他的潜在空间。他要我怎么扮演，我就怎么扮演，这样可靠和信任的潜在空间便建立起来了。

对孩子来说，他可以在潜在空间变形、分离、布置、邀请，然后将这里变成他的某处人间寓所。

不同年龄的孩子玩的内容不同，长大一些的孩子，可能玩的是有规则、有输赢的桌上游戏，或者是弱肉强食、有竞争、有博弈的游戏。但是对学龄前的孩子来说，潜在空间占有重要的一席之地。来自生活世界的灵感，支撑着他们在"现实焦虑"和"想象回应"中的地带。

亲情倚靠着依赖和配合度之间的搭配，不断滚动在互动的关系上。在这个相互重叠和堆积的区域，不加速也不介入的回应，对年幼的孩子来说是非常特殊的潜在经验。父母只是在旁边静静观察，不去介入，只需回应，但这个经验将鲜明地保存在孩子的心里。

渐渐地，当孩子长大时，就能够体会到现实生活的贫瘠、幻灭和无助，此时非常需要内在世界的支撑。如果孩子在幼年时期的模糊地带，慢慢体会到"我非我""我仿佛是""我是我"三个阶段的经验，搭建起内在的可靠和安全感，就足以抵挡住未来的风雨。

涂鸦，
是为了和世界相连

四岁以前的媒材创作，尤其是无意识重复的自在操作，叫作"幼儿涂鸦"。根据认知学者皮亚杰（Piaget）的理论，零到四岁的涂鸦时期，刚好介于"零到两岁感觉动作期"和"两到七岁前运算时期"的中间地带。孩子将从感官吸纳的世界，横跨到前运算时期，这是段将自己模糊的感受、想法，逐渐变成可沟通的口语化语言的成长历程。

涂鸦可以促进五种感官知觉的统合，促进智力发展和成长。此时家长只需要具有耐心，平稳地回应即可。一开始，孩子双眼可能无法对焦在纸上，这都是很正常的过程，父母可以慢慢引导。

年幼的孩子刚开始涂鸦的时候，因为注意力短暂，还没有发觉手部、眼部和桌面的关联，他们无法将线条完全画在纸张的范围内，会有一个过渡期。在这个时期，孩子们会慢慢地去感受颜料、纸张、手和身体等的关联性，并慢慢建立起控制感。

依据艺术治疗的理论，在孩子的创作发展时期，两岁正是"随意"涂鸦的时候，两岁半是"控制"涂鸦的时候。根据他们手部的发展，能够操作的材料和抓握的素材也不同。

而能够"命名"涂鸦的时期是在三到四岁，此时孩子正慢慢关注到自己和世界的联结，也比较能通过线条的封闭性，接受规范和指令，直到另一个心智成长的阶段。

三岁以下的孩子，较多以"内在冲动"为出发点，皆以自我为中心来行事。他们展现的知觉场域，就是当下的刺激。

所以对他们来说，恣意地挥洒媒材，从感觉到心像的成立，一项一项越来越丰富，这种累积是无法加速的，而这个时期的孩子也缺乏控制的力量。此时，家长要观察的是孩子**如何通过五种感官建构他的世界，如何感受身体的移动，以及对线条的掌握、对媒材的尝试等**，这些都是很重要的。

两岁的 Emma 正在涂鸦创作

当孩子成长到三岁左右，自然而然，就可以画出圆形和丰富的图面；四岁开始可以画方形图案，而方形图案就是规范的象征。孩子在画出方形时，需要考量到转折线和尖角，这些都要通过对肌肉的控制，以及对空间预期的掌握才能做到。

四岁孩子开始画方形，也象征着幼童从自我为中心的全然主观状态，转移到关注周围环境和他人。在日常生活中，更加能够适应与他人的对应、和环境共融等世界规则。

学者陆亚青研究发现，孩子早年的涂鸦创作常常是散落的物件，因为他是以自身为出发点记录下这些刺激；直到六七岁，在画面中才慢慢出现"基底线"，也就是物件的前后左右的关联，或是上下对应等秩序关系，这时候的绘画则反映了孩子在创作时物我的分化、位置、关联、比重等关系。

不以成人审美观批判孩子的涂鸦

涂鸦就是两到四岁的幼儿表现自己的形式，这是一种本能。三到四岁孩子的涂鸦画面才会慢慢出现完整的线条。这时候的他们将自己的生活经验和涂鸦的动作结合在一起，并且通过将画面上的点、线、面命名为狗、猫、鱼、爸爸、妈妈等，逐渐展示出他们生活世界与内在世界相连的那一部分,这一思考历程也代表逐渐丰富和趋于抽象的象征联结。孩子的早期创作展示的是他们逐渐扩张的肌肉运动,他们在规范中所做出的各种选择,以及是否能在创作中感受到乐趣,并且做出下一个动作。

我们往往用成人世界的"审美观"评价画面,比如好不好看、像不像、够不够传神等。父母应该抛弃这些评价,让孩子领着你去感受小孩子所带来的生命秘密,至于好不好看或像不

运用颜料和盐巴作画

像都不是重点。在孩子涂鸦的时间，你只需要注意到他的自发性、好奇心，以及他的选择等，这些都可以带你一窥他的内心世界。

为孩子提供一个涂鸦的私人空间

在孩子涂鸦创作过程中，请父母当个观察者，只要观察孩子的动作及表情即可，不要用干扰性的语言搅乱他们。大人应该尊重孩子，让孩子在安全的范围内自己动手，即便是亲子涂鸦，也要以孩子为主，父母为辅。对父母而言，"反映和扩大孩子的表现"才是重点。

婴幼儿在实际生活中"选择"机会其实是很少的。在我们的家中，摆设都是依照大人的需求设计的，我们会为了自己想要的方便而设置空间，在孩子出生之后，即使前三年发展很迅速，也很少有人会为孩子调整环境，设想生活空间的发展需求。

从孩子的角度望出去，他所处的世界，都是高高的桌椅，难以触及的开关按钮，唯一离他们比较近的就是低矮的插座开关。

孩子在三岁以前，都是动来动去的，因为这段时期，他的身高是出生时的两倍长，想要身心发育成熟，就要靠手跟身体的动作。

在上幼儿园之前，让孩子完成发展并且感受成长带来的兴奋和挫败非常重要。等孩子稍微长大后，就迎来了稳定期。所以，创造和孩子一起生活的空间是很重要的。

恒温小专栏

让孩子尽情涂鸦吧！

不规定物件、不用教导性的语言介入孩子的活动，让我们退到观察者的位置，观察孩子的停顿、跳跃、笔触等。

练习： 父母把自己当作一面镜子，映出孩子如何展现他自己。

时间： 20～30 分钟。

语言： 陪伴时不评价孩子的绘画内容，仅以动作和感受为主，比如，"我看见你拿起了那个""用力在上面画了一下""在圆圆的上面画了一横"等。

为孩子营造可以尽情创作的环境

我们家有许多干净的纸箱，还有买回来的图画纸、色彩浓郁无毒的颜料、蜡笔、自制黏土、自制动力沙，再搭配自然素材，可以让他们通过创作来感受自己。像是掉落的树枝、叶子、花瓣等，甚至红豆、绿豆等，这些都是随手可得的创作素材。

手，是孩子的第二个大脑

孩子的成长是由头部到躯干再到四肢，由中心逐渐往周围呈放射状发展。从五指握住到三指抓握，直到每一个手指头都可以灵活运用，例如拿筷子这样高度精细的动作，每个动作都有它自然发展的过程。

"手，是孩子的第二个大脑"，在孩子早期发展中，经由每个抓和握的动作，手、眼反复联结。从孩子涂鸦时，颜料线条的粗细、展现出来的节奏、均匀程度来看，孩子越过界线的概率越来越小，慢慢地，他就会体会到自我控制及能掌握的感觉；他享受着有节奏移动的快感，感受到自己是有力量的，能决定纸上要呈现何种图案。

孩子刚开始涂鸦时，是漫无目的的，只专注跟自己在一起，感受运用媒材进行表达的快感。无论是点、线、面，都反映出孩子的手、眼动作与脑部之间的联结。

在自由创作的情境下，孩子正愉悦地在他的内在世界自由穿梭。通过身体的动觉、知觉、视觉、触觉的合一，以及面对由于媒材而产生的动能、生命力、外来的刺激，幼儿会寻求各个动作的多样化形式，希望重新解构它、建构它、定义它，将它置放在生命某个未知的角落。这些都是创作的过程中，在言语之外，发生于亲子相伴的时刻。除了涂鸦，幼儿专注在其他媒材上创作，也可以在某种程度上达到自由选择、沉浸和放松的效果。

当孩子寻求你的意见时，父母必须采取"不评价、不建议、不干预"的态度，真诚地回复孩子："你可以自己做决定。"让孩子在创作过程中，通过色块，主动记录下身体自由挥洒的轨迹，让他在自己的创作中体会自发性和有能力的快感，进而安心发展自己。

涂鸦能给孩子带来安全感

以儿童为中心游戏治疗的创始者加利·兰德雷斯（Garry Landreth）曾提出一套历时十周的亲子游戏治疗训练方案，他认为父母和孩子一起创造"疗愈"的时光是很重要的。在这十周的时间里，对于想要增进及改善亲子关系的家庭，他将带领父母进行每周"三十分钟的特殊时间"，以疗愈为目的，代入"预防性"的观点，教导和引导父母正确对待孩子。在这个特殊时光，提倡父母以"不主动介入"为主。

这个疗愈时光主要是以更贴近孩子的内在方式，有效地与孩子互动、做出回应；重点是孩子能在这些经历中，领悟你对他的信任，感受你坚定而不失控的设限，能让他在过程中尝试错误。

孩子在幼儿时期，"手"就是他们的"第二个大脑"，而"游戏"就是认知和创造力量的来源，所以**孩子涂鸦时的身体移动，可以帮助他整合各部位感官，协助他抵达该发展的区域**，这点非常重要。

简单的水、颜料和画笔，让孩子尽情挥洒

打造自由游戏的安全角落

我将游戏的素材分成五种,让孩子从中体会到"人与自然"的关系,使孩子不仅在自己的想象空间中创作,还能通过美和刺激增加生活体验。

我将水、火、金、木、土的元素,融入各种亲子活动中,用以拓展孩子内心世界,缔造父母和孩子共创世界的潜在空间。

让孩子学习拧、拼、贴、撕、粘、涂、抹、刷、搓、转、叠、剪、喷、刻、缝、织、捡、抓、捏、卷、刺、吹、盖、洗、握、吊、绕、扭、揉、刮、撒、压、拍、打、夹、闻、摸、看、听、躺卧、踩踏、抓取等动作,并经由感官将游戏素材通过动作,化为自己内在展示的表征。还可以运用瓦楞纸、白胶、黏土、面团、冰棒棍、纽扣、棉线、喷漆、布料、纸张等其他素材进行创作。准备一个脸盆、一张桌子和一张纸,就可以开始你与孩子无限的想象。告诉孩子:"在这里,你可以决定你要做什么,做什么都可以。"

水

孩子碰到水，会很开心，无论是泡澡、洗手，或是跟着父母洗碗，甚至刷牙。当水凝结成冰，看见温度带给水的质变，孩子也会觉得很有意思。湖泊、港湾都是小孩着迷的自然素材。

我常将自然素材，例如掉落的叶子、花瓣、米粒，加入动物模型或者孩子的小玩具中，或是让孩子观察和体会融冰的情境感，适时跟孩子说明一些自然界的变化，或讲科普小故事，这些都是很好的情境引导素材。

五种感官活动：观察冷热变化

火

在生活中，我经常要一边照顾孩子一边准备三餐，这时我会让孩子也进入厨房，和我一起准备食材。不过，我会准备好高椅，规定好界线确保孩子不会到有火源的区域，厨房分为孩子的厨房区和我的厨房区。

适时让孩子了解真实环境的限制，并且协助孩子在限制中找到共处之道，让孩子分辨哪个区域他可以接触，不会冒出火花，他们要怎么与厨房火源区相处，这些也很重要。

另外，在阅读时，我曾和孩子讨论到火山，并且做了火山喷发的小小实验，让孩子有了对火的认识体验。

蒙台梭利式的居家设置

金

真实世界里的物品最吸引孩子，但也有许多他们不能触及的部分，这就需要由父母提供安全的环境协助他们探索和学习。我们家玩具很少，但也让孩子在安全范围之内，能充分探索和学习，把握每个动作敏感期，设置一个地方让他们的内在冲动可以沉静下来。

木

让孩子走到户外，踏进大自然，观察植物的各种变化、成长，感受四季的更迭。他们会亲眼看见树木立于土壤，土里有许多的生物活动着。当孩子与大自然在一起时，就能自由地说自己想说的话，大自然是最好的学习场所。

提供自然素材，让孩子观察四季的颜色变化

土

我们家总是风雨无阻地带孩子到户外散步。在户外,孩子能轻易辨识土地与植被、生物的联结,理解植物、水、土壤、阳光彼此依存的关系。我们会协助孩子用浇水器照顾植物,通过呵护土壤、挖土、施肥,理解我们的一切都来自土地的滋养,让孩子体会不同的物种共存在地球上的奥妙!

> 照顾植物,可以培养孩子的耐心

天空、树上、土地、水里都有着自然生态观,我们应该尊重这个世界正常的循环,即便被蚊虫叮咬,也可以由此观察自然。与孩子讨论脚踏的这片土地,讨论与不同生物如何共存,共同体会这份美好。相信等他们越长越大,持续对话的我们,还有许多可以讨论的议题呢!

停下腳步、陪伴自己,
是件重要且值得的事

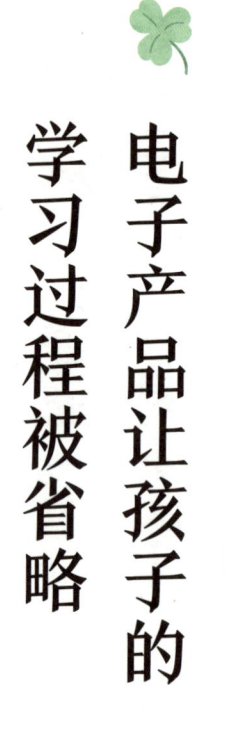

电子产品让孩子的学习过程被省略

新时代的抉择

电子产品的使用，对孩子的学习影响很大，现在的孩子面临着完整思考以及专注学习的挑战。另外，像是人与人之间的相处、对人们脸部细微表情的辨识和判断，都是现在的孩子所匮乏的，他们处理信息时表现得越来越不耐烦。

台湾地区的儿科医学会认为，零到两岁婴幼儿不适合看电视及使用电子产品，原因是婴幼儿在出生之后，其视觉还需要有辨认颜色、由模糊到清晰、由黑白转为彩色、对人脸辨识产生好奇心等发展，若过早使用电子产品，容易影响视觉的发展。

世界卫生组织也表示两到三岁幼儿每次使用电子产品的时间应低于三十分钟，且应由大人陪同观看，三到七岁孩子每天使用时间也不能超过一小时。

两至五岁的幼儿使用电子产品时，需要家长全程陪同，且应由家长挑选节目。家长了解幼儿喜欢的内容，但不能用电子产品当保姆，电子产品永远无法取代人与人之间的亲密互动。

纽约州立大学石溪分校的研究员洛伦·黑尔（Lauren Hale）从事睡眠研究十几年，她指出："大人和小孩睡前使用电子产品，容易导致就寝时间延后，躺在床上也难以入眠，睡眠质量也较差。"

孩子三岁以前，不宜独立使用电子产品，因为他们的大脑还很脆弱，电磁波和蓝光对大脑的发育有影响（注：电子书阅读器没有蓝光，可以适当与孩子一起使用）。例如在睡前一小时不应该使用电子产品，蓝光会让我们体内的褪黑素下降，进而影响睡眠质量。而且电子产品所产生的光线刺激，对幼儿的发展也有影响。

三至七岁的孩子，建议一天看一小时以内的影片；而七到十二岁即小学阶段的孩子则控制在一小时左右；初中阶段则要考虑课业的多寡和社交软件的需求，但一天最多使用一个半小时，最好在三十分钟内就能解决所有社交软件中的往来信息。

对于不同年龄层的孩子，应针对他们的需求规划电子产品的使用时间，最好是全家人一同讨论，共同遵守公约。在全家人相处的时间，大人要放下手机，与孩子一起聊天创造话题，同时参与话题。

重要的是，父母要以身作则，增加亲子互动的时间。儿童、青少年也不宜长时间使用电子产品，避免沉溺在网络的虚拟世界。

小学阶段，有时需要使用电脑写作业，或者在线学习，而 Windows 系统和 iOS 系统都有相关的应用程序，可以帮助家长了解和管控孩子使用的时间。在家庭会议中，可以将它变成一个讨论项目，促进孩子兑现承诺，同时让孩子观察自己的电子产品使用状态，成为一名督促者。心理学家乔恩·拉塞尔提出，和孩子一起制定电子产品使用的家庭规范，也是帮助孩子建立自我约束和自我监控意识的机会。

美国有家庭电子产品使用计划的网站，父母可以参考，然后和孩子一起拟定家庭规则。

美国国家卫生研究院做了一项研究，内容是扫描四千五百名儿童的大脑。研究结果显示，九到十岁的儿童每天使用超过七小时的电子产品，大脑皮质有过早变薄的迹象。尤其是三岁以下的孩子，大脑正处于蓬勃发展的状况，而婴幼儿的大脑皮质比较薄，却有吸收力较强的脑部组织，因此更容易残留电磁波。

有研究指出，宝宝的脑部所吸收的电磁波比成人多两倍，骨髓中的电磁波吸收量可能比成人多十倍。

宝宝在三岁以前，正值身体发育的高峰期，原本每天都应该动个不停，像是在饭桌上注意食材、和父母聊天或者吃一吃就需要下去动一动等。长期使用电子产品，看似安静，却也会导致一些"需求"停滞。

甚至有些孩子每天使用手机超过三十分钟，只要拿不到手机就会大吵大闹，父母只好屈服，让孩子拿着手机几乎半天都一动不动。如此做法不仅不利于孩子发展自我控制的能力，而且不断打破教养的规范界线，连睡眠的质量也会受影响。

人的眼窝前额皮质对光很敏感，只要蓝光一亮，褪黑素就下降，而褪黑素是影响睡眠质量的关键。蓝光会让人忘记身体已经疲累需要休息，因此玩手机常会废寝忘食，直到已经眼酸目麻，才发现自己很久都没有休息了。加上过早看手机、平板电脑、电视等，对视力也有一定程度的损伤。

在我们家，孩子三岁以前是不让他们看电子屏幕的，因为蓝光会影响他们的睡眠，影响生活作息。而且屏幕的跳动速度，让慢八秒才能领略和吸收学习的孩子，还没停留思考，就已经跳到下一个影像。影像不断跳动的状态，难以让孩子留白、思考和讨论，反而更容易使孩子对阅读的慢速吸收和学习模式感到不耐烦。

注意力的涣散

电子产品对孩子的认知发展有哪些影响呢？当你本来想要搜寻天气信息，打开网站首页后，却发现早上有地震、最近股市大跌，或是其他信息，马上就被吸引过去，结果两小时过去了，完全忘记了原本要做什么。当多重信息展现在人们眼前时，因为好奇或新奇，容易将注意力转移到其他信息，这是很正常的现象。

社交媒体的发展使人与人之间的沟通，以及信息传递方式变得多元，这些都使我们的脑袋处于多线运转的状态，对年幼的孩子来说更是信息过载（参考《数位时代 0 ~ 12 岁教养宝典》这本书）。当你打开社交网站，弹出对话框等信息时，会看到有许多不同的对象和社群准备与你互动，和每一个社群的对话，都是一次大脑切换，在我们点开所有界面，回复完所有的消息后，闭上眼睛，你还记得刚刚回了哪些消息吗？

不只成人如此，孩子也是，在网页的搜寻使用上，因为有大数据的帮忙，可以留住孩子的目光吸收某些信息，但同时也导致注意力涣散，养成漫无目的搜寻的习惯。婴幼儿时期没有学习的目的或需求，但到了小学，脑部发展较为稳定，对于信息会有所选择。孩子在吸收性心智时期，"重复"和"耐心"都是他最重要的学习历程。但长期使用手机和平板电脑，可能会使孩子对纸张和慢速阅读没有耐心，注意力涣散；其中的各种游戏机制，让孩子从很早开始就不习惯于信息的"重复"和"耐心"。

你会发现，一个玩弹珠的孩子，他会左倾右倒，尝试将弹珠倒入大的、小的、中等的容器。真实世界中的物体会让他的专注力停留。而电子游戏不能让孩子使用五指去探索世界，反倒将孩子限缩在单一的平板上，以致注意力涣散，认知发展应有的历程和自己吸收的学习历程被省略，这些都给孩子带来巨大的不良影响。

过度使用电子产品对孩子情绪发展的影响

在社交网站一来一往的碎片化信息影响之下,以及用表情包等表达情绪的习惯,会让孩子对处理信息越来越不耐烦,注意力也越来越短暂,情感表达更加贫乏。这些都是我们这个时代的父母需要面对的共同问题。

毕竟"育儿"并不是一个快速吸收、立即见效的项目,在孩子还年幼时,理想的玩具及游戏是,由孩子主导80%以上,设定好的规则最好只占20%以内。例如拼图、积木、涂鸦、磁力片等,用这些素材自发性地拼凑和组装,能协助孩子拓展创造力,在不评价的氛围中,孩子能安心创作,增强自主性和自信心。

我为孩子添购的玩具,大多数都是可以开放式创作的颜料、图画纸、玻璃纸、干净纸箱或是各式画笔等。我们会固定在每周六早晨设置"无玩具时间",让孩子运用随手可得的家用品进行游戏。例如运用挂起来的几件衣服,假装身处森林中,把纸箱当成路障,把晒衣夹当成小石子,然后改编各种童话故事进行表演。孩子的想法真的非常有趣,有一次Emma想象窗帘后方就是宫崎骏《千与千寻》故事中的隧道口,走过去就会进入汤屋。剧情由她编,舞蹈由她跳,素材任她摆,孩子的想象力就此展开!

影响学习和认知

虽然强烈的声光效果所激发的游戏过程，可以增加学习的乐趣，但是有研究显示，孩子在使用手机和平板电脑时，大脑的思考频率降低，仅被动地吸收着游戏所提供的每个关卡和任务。这对于主动学习和思考习惯的养成，会产生许多不良影响。

学习和认知的建立，需要"注意—工作记忆—短期记忆—练习和复习—长期记忆"这一过程，然而这个过程却不断被声光效果的趣味性取代。

相信现在小学老师就很有感触，小孩子的注意力短暂且涣散，更不要说复习，甚至进入短期记忆、长期记忆了。光是对于背诵就会不耐烦，显得情绪化和焦躁不安。而对于指令的吸收无法瞻前顾后，记住了前面忘记了后面，或者只记得老师最后说的，无法整段地对信息进行吸收和整理。目前，这些都是小学生正在面临的问题。水能载舟，亦能覆舟，如何生活在电子产品充斥的年代，与其共存是目前考验所有家长的难题。不过度使用电子产品，不用电子产品取代亲子陪伴，是需要掌握的重点。

启发孩子的无限创造力

在我们家不使用电子产品的日子里,三岁以下的孩子会将"活动"变成我们互动的新界面,例如讲故事、看动物、观察植物、搭积木、拼图、逛公园、攀爬、荡秋千等。在活动中观察孩子的成长,以及不去想要达成什么目的,是我最享受的一段亲子时光。

记得有一次,我和两岁半的 Emma 聊到美人鱼拿声音去换取双脚时,她提到一个有趣的观点:"美人鱼在岸上不能走路,一定要有脚才可以。"

我说:"不然她如果要和王子一起散步,或者走红毯,总不能在岸上跳吧!"

Emma 觉得很好玩,就要求我当王子和她一起散步,她用垃圾袋套住脚跳着走路,我则在旁边正常走路,就这样玩了好久。她沉浸在这个场景中,又启发了她思考。

"难怪美人鱼要用声音去换脚,没有脚就没办法走上岸边和王子散步,但是上岸后又不能和王子聊天,怎么办?"她说。

我说:"对啊!所以声音和脚都很重要,要想清楚再做出交易,因为巫婆并没有替美人鱼着想。"

我非常乐于孩子能沉浸在不同故事中进行角色扮演,因为这个阶段的孩子，正处于大脑"潜在空间"的塑造时期。而孩子的回应也让我了解到，即便是两岁多的孩子，对场景和人物都有不同层次的反思及设想，甚至想要扮演每一个角色。

Emma第一次听灰姑娘故事的时候，她问："妈妈，灰姑娘又不是动物，为什么要被关在地下室或阁楼里？"我听了也感到惊讶。如果这些互动时刻，都由电子产品来取代，他们就只能得到人工智能的给予，那将非常可惜。

我在工作中发现，长期使用电子产品对零到三岁孩子大脑的发展产生了不良影响，甚至在青春期大脑发展最快阶段的髓鞘化时期，会缺乏反思和感受的能力，这对孩子的学习非常不利。

整个家都是你们的舞台

三岁的Emma开始看宫崎骏的系列图画书。我们在家备菜，一起处理卷心菜和地瓜叶时，Emma会主动邀弟弟一起"出演"《龙猫》，Emma把菜放在头上，假装没有雨伞的龙猫，我和弟弟则演小月背着小梅（《龙猫》剧情里的姐妹），要将雨伞拿给他撑的场景。

有一次我们傍晚去公园散步，当时天色已晚，我帮他们收拾东西准备回家，但两个孩子还想玩："再等一会儿，妈妈，再等一会儿嘛！"我开始倒数时间，刚好一只大鸟降落到旁边的草地上，Emma 突然大喊："妈妈，我想回家了，天黑了，你看荒野女巫飞过来了！"我顺势把她和弟弟抱上推车，笑着说："好，我是哈尔，我来救你们！"（出自宫崎骏动画《哈尔的移动城堡》）

有一天，我们家附近的河堤上面扔着一个个塑料瓶，Emma 突然难过地说："妈妈，波妞会不会卡在塑料瓶里面死掉？我们去捡起来扔掉好不好？"我突然想到我在和她一起看《悬崖上的金鱼公主》时，给她讲了一些有关环保的问题，以及水底下有美人鱼，有波妞，有其他生物可能卡在这些塑料瓶里面。这些生活点滴，居然被小孩子无意识吸收，并在不经意间给予反馈。可见，在看完图画书后的体验性和反思性，绝对是构建孩子心智的基础。

让活动和家庭剧场成为我们替代电子产品的新选择，你会发现孩子的想象力超乎想象！

作为孩子,也希望父母幸福快乐地生活

孩子，是世界上最动感的语言

我曾经到蒙台梭利学校学习，对于蒙式教学一直有很独特的情感。

我非常认同蒙式育儿观点，例如孩子并非缩小版的大人，孩子有他的敏感期和吸收性心智等。我很喜欢蒙台梭利的理念，**让孩子自由地去行使自己的力量，通过力量可及之处，建构出自我。**

我发现七八个月大的孩子，对于周围事物的探索逐渐变得大胆又富有冒险精神。他的双手双脚所触及之处，变成他接触世界的一切可能，通过手脚的延伸，他对世界的掌握度渐增。**对于探索"能不能""可不可以"的底线，就是他测试的最佳实验场。**

过去的工作经历，让我下意识地观察小孩，我非常乐于在家中带领孩子做点有趣的小活动，慢慢培养孩子对他自己的认识。更想让他从说话、走路、控制身体的行动、双手双脚的运用中，让他逐渐有认知理念，加上我的所知所学，便于用更符合孩子神经发展的方式，协助他认识自己每一天的极限。孩子的童年只有一次，大人陪伴孩子也只有这么一次，所以除了生理上的照顾之外，在家的每一天对我来说，是我和孩子之间特殊且独一无二的一天。在家里运用简单的日常用品，让孩子找到乐子，大人开心孩子也开心，且兼具学习效果。成长的过程不必加速，见证孩子从玩乐中找到成就感，也是一件非常有乐趣且值得的事情。

摸索与模仿是孩子建构世界的方式

Emma 刚满一岁的时候，我发现她发展出了渐趋成熟的心智（在有意识和无意识之间慢慢形成自己的概念）。孩子通过身体动作，慢慢建构出他的世界。无论是日常活动、玩游戏的方式，还是模仿大人的动作再发展出自己的玩法，其实大人只需要给予一点点的暗示，他就可以自己摸索抵达彼岸，而且十分有成就感。

一岁多是孩子的走路敏感期，孩子从翻身、坐、爬到走，是一个有顺序性的发展过程。从"走"开始，会出现更多的挑战，他可能喜欢站在有高度的地方，然后单脚想要"走"下来，又或者是背很重的物品走路，硬要提着东西到处走。这些都是宝宝通过大肢体运动发展他"平衡感"的重要里程碑。

这时候，也是大肌肉和小肌肉发展的敏感期：提、拉、背、拨、压、捏、倒、敲、搬、挤、舀、拧、插、拔，宝宝在这个时期能自己做的绝不假手他人。当然，也会流露出不耐烦或是气馁的情绪，表现出需要大人的协助。所以通过一些家务活动，**让宝宝锻炼手腕和指尖的控制能力，这是很重要的。**像是旋转瓶盖、倒水、捧着碗送餐、擦桌子、提东西、拧抹布、揉面团这些日常家务，都可以让宝宝适当参与，在那一刻你会发现他是模仿王，几乎可以百分百复刻你的动作。

大型忙碌版 & 孩子的工作桌

发展上的需求

宝宝的发展是从脊椎到四肢,**从头(两个多月时抬头)到脚(十个月左右站立)**。你可以明显感受到,每一个月宝宝都在奋力寻找自己可以进行的活动,以便"完成发育上的需求"。

所以我们在家中提供的活动,应该在安全范围之内,协助他完成发育上的需求;宝宝之所以会埋单,也是因为他需要。

一些活动看似在破坏,不如说是他的敏感期已经到来。他的内在有个冲动,他"必须"完成这些任务,才能纾解冲动,否则他就会跟你闹个不停,你也不知道他为何这么坚持,但其

从平面到立体,孩子用色彩展现丰富的内心世界

实他只是在纾解冲动。

只要了解宝宝每个时期的动作需求，就不会觉得他是在搞破坏，反倒会主动为他提供相对安全的物品，帮助他完成发育上的需求。

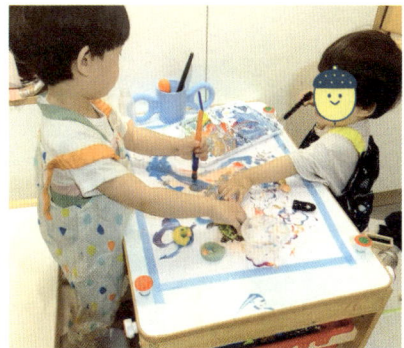

有助于成长发育的家务

可以利用家里比较容易拿取的物品,例如球、抹布、洗好的菜、杯子、空瓶子、书籍等。提供这些物品都有一定目的性,像是球(扔)、抹布(擦)、洗好的菜(帮忙择)、杯子(倒和舀)、空瓶子(转和扭)、书籍(拨、翻、看)。这些动作能让宝宝在他内在需求爆发期,有适当的抒发和练习。所以可以视孩子发育需求,分一部分家务让他帮忙,并予以鼓励赞扬。由于我们家还有一个需要喂奶的娃娃,所以活动时会制定规则,让大宝自己先玩,接下来一边给小宝喂奶,一边照看大宝。

我常常是一边给小宝喂奶,一边回应大宝正在做的事情,让两个孩子都在我的眼皮底下,这样基本上大宝就不会捣乱,或者硬要来"照顾"弟弟。喂完小宝,接下来我就可以兼顾陪大宝和小宝,将活动完成,让大宝始终有被陪伴的感觉。

参与家务：清洗阳台、挂衣服、洗菜、洗碗、切水果

第 3 章 爱的游戏让孩子与世界产生联结　267

恒温妙方
心理咨询师妈妈的亲子陪伴游戏

① **球**
大球、小球，包括乒乓球（可以弹、投，抓握上孩子比较有信心）和网球（有实质的重量）。

② **球 + 纸箱**
可以让宝宝有"投入再掉出"的惊喜，近投、远投，看宝宝想要玩什么。

③ **球 + 胶带**
可以在家中找两个角落，并贴上胶带，让宝宝将球粘在胶带上，再一个一个拿下来（父母可以说成摘苹果、采收，或者搭配竞赛活动，增加趣味性）。

④ **球 + 篮子**
可以让宝宝一个一个投球，再将球从一个篮子倒到另一个篮子。

⑤ **面团**
面团像黏土一样，可以满足宝宝动作的需求。因为面团可以揉、搓、捏、按、拔、倒（倒面粉或水），可以让宝宝玩一轮。结束后带着宝宝洗手收拾，既"消磨"时间也很"耗电"。

⑥ **影子**
和宝宝玩影子游戏，即在太阳底下用手做出不同形状的动物影子，让宝宝感受到光与影的变化和趣味性。

⑦ **画笔和纸张**
粗蜡笔能够满足孩子抓握的需求，加上色彩很丰富，所以反馈很好。

以下几个小活动所使用的物品都很简单,可以持久且重复玩耍,成本低廉且可同时满足孩子的需求。

❽ 书
各种书籍都可以,绘本更好。让孩子翻看,色彩丰富、图形简单且具有重量的书本,能够让孩子体会抓握、翻阅和视觉上的多重刺激。

❾ 洗好的菜
让宝宝参与择菜,或者洗菜的过程,如果担心小孩子处理不干净的话,最后再洗一下就好了。

❿ 吃饭时光
一岁半左右的宝宝就想要捧着碗喝汤了,什么都想自己来。这时候爸妈的心脏要坚强一点,适时让宝宝自己抓(餐具、饭菜)、捏(肉或菜)、挤(毛豆或四季豆)等,这些都是宝宝发育阶段的美好时刻。

⓫ 彩色冰棒棍 + 纸箱
在纸箱上挖洞,插入彩色冰棒棍可以满足孩子"精细"动作的需求。

如果玩到最后,觉得地板有点"惨不忍睹",不要急着制止孩子的玩耍,可以准备小扫把小簸箕,也可以给孩子一块抹布,让他们自己清理。如此,父母不仅可以看懂宝贝的需求,也能兼顾自己的需求。

教养孩子并不是让他完美表现,而是让他安全地进行各种尝试。看懂孩子,顺势而为,在家消磨时光也可以很享受。

孩子有你，
才能勇敢做自己

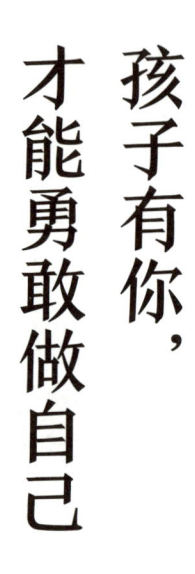

根据玛利娅·蒙台梭利的研究，零到六岁孩子的特立独行，隐含着成长的密码。这个时期的孩子，依循着他们的内在冲动行事；这个时期更是感官全然开放以及发展信任的黄金时期，包括顺势而为的敏感期。安全感的建立，以及对自我信任的发展等，都发生在这个时期。

孩子到五岁左右，才开始从自我为中心转移到他人。从自我信任到接受大人的规范，这一切都无法强求。

父母重视耐性，却也最容易败在耐性这一块，原因是我们想象中的耐性，是好好地跟他说话，并且说一些正面积极、乐观向上的励志话语，不让他受伤。但是，这些是"理想化"的想象，它会压垮你在亲子关系中的自在，会让你无法静下心观察孩子的转变，只注意到自己的表现。

我们所谓的尊重孩子的童年发展，是在安全的环境之下，顺着他的敏感期，让他通过自主选择，运用五种感官与这片土地连在一起。童年，是拓展孩子心理世界的时期。

这一切，都基于观察；如果没有观察的话，就不容易进入孩子的视野，而陷入该听谁的权力斗争中。童年这个时期，就像是大自然的沃野，万事万物依循自然法则，才能拓展出更强韧的生命力。

德国教育学家福禄贝尔创造了"幼儿园"（kindergarden）

这个名词，原意就是"儿童的花园"，玩耍就是孩子自我教育的一环。孩子能否在安全的环境中发挥潜能，则是教育的重点。

最忠诚的孩子最执拗，但也最殷殷期盼着你的允诺和寄望，因为他始终相信，"有你，他才能够做自己"。

孩子与世界的沟通

日前，有位初中生的家长向我咨询，他的孩子拒绝上学，每次被父母要求的时候，就会尖叫，并且还会持续很长时间，搞得他们每天都像在打仗。

"他的尖叫可以持续六小时，一直叫到他累倒，否则不会停下来。我实在是受不了，真的很想要一巴掌打下去。"这位家长如此说。

我们一步步分析这个孩子情绪失控前，他和父母对话的场景，并且讨论这对父母的无助，以及隐忍未发的愤怒。我和这对父母一起商量，一同去理解这个孩子。在两个月的努力下，孩子的情绪不但趋于稳定，后续还能主动去上学，而且在学业上也有了不错的成绩。

对于这样的案例，如果父母厘清自己过去的"影子"和对孩子的"预期"，给予"同理"的回应，及时应对，就能够在这场亲子战争中，逐渐退出战场。

记得在 Emma 两岁七个月左右时，有一天晚上她睡不着，一直很苦恼，不是想听故事，就是想听音乐。随着时间的流逝，她还是说睡不着。

我和她爸爸的耐心几乎被磨光，问她："怎么办，已经两个多小时过去了，你这么晚睡我们该怎么办？"

她用略带委屈的语气跟我们说："等等，你们先停下来，先不要说我，你们要听我说……"

我们在一旁唠叨她，她还能吐出这些话，这让我和先生不禁感到好笑。

她很认真地坐起来跟我们说："一定是晚上我没有出去跑一跑，所以才睡不着。"仔细想想，她的话还挺有道理的。

通常一到吃饭时间，Emma 和 Alber 就会乖乖地和我一起把食物拿到桌上享受这个时光。有一次，奶奶来家里帮助我照顾孩子，家里准备了许多好吃的食物，他们一边分享食物，一边享受祖孙之间喂食的快乐。年龄有差距的 Emma 和 Alber 进食速度自然不同，当奶奶自顾自地迅速喂食，两岁多的 Emma 突然停下来跟奶奶说："奶奶，等一下好不好，我的嘴巴里还有东西,而且我会自己吃。"

还有一次,要出门了。奶奶疼爱孙女说:"我帮你换一件衣服,这一件比较漂亮。"Emma 则说:"奶奶,我会挑,我可以自己决定。"她的每一句"我会""我可以""我自己"都让奶奶感到惊喜不已。

随着年龄增长,孩子会逐渐呈现出与世界沟通的姿态。此时,亲子之间的信任感和默契就此架构了起来。

当我们给予孩子信任,允许孩子为自己争取发言的机会,孩子会慢慢地告诉你他的内在逻辑,并且会考虑大人的感受。 当孩子犹豫不决,不知该如何回应时,请将选择主导权回归给孩子,告诉他"你可以自己做决定"。这是信任孩子和赋予孩子权利的重要时刻。

对孩子来说,他们依循着自己的内在蓝图,发展出自我的判断。我们只要顺势而为,了解生命发展的关联性,就能够因势利导,给予孩子适当的教养。

"解密"孩子的内在信息

华德福教育的创始人鲁道夫·斯坦纳(Rudolf Steiner)曾经

提出，每个年龄段的孩子，都有特定的方式表达自我，但同时又拥有自己独特的个性，需要大人来"解密"。

孩子们的内心有丰富的词汇、澎湃的感情，在幼儿时期闪闪发光，他满满的情绪，以及每一天累积而来的成长轨迹，都在等待你来发掘。

当孩子不在我们身边时，我们能感觉到孩子的内在与聪明；当孩子在我们身边时，袭上心头的却是充满倦怠的心境，现实的焦虑夹杂着外在的要求，可以瞬间让父母与孩子"失联"。这些，都跟我们追求完美有关。

父母会将"希望"投注在孩子身上，但是投注越多，就越容易失控，同时感到倦怠，这种现象，不管是在中国还是在西方，都很容易发生。因为孩子很直接也很自我，你对他的好他知道，只是他无法忍住不去尖叫，觉得自己被"期望"所淹没，这就更让父母感到是"以真心换绝情"。

我们如果不了解孩子的内在时令，就容易在患得患失之间，失去与孩子的情感联结。接受每个人都有内在的冲动与判断，并且厘清哪些是现实的焦虑，哪些是自己内心的期望，才有机会欣赏孩子与生俱来的野性，而不是感到委屈。

读懂孩子的要求，
给予合适的素材

我始终相信，观察孩子的需求，并且给予合适的回应，是在教养中享受的事。如果读懂孩子的需求，就算只是一句"妈妈，陪我玩"，你也会发现，那不是命令或是要求，而是央求。当孩子喊出这句话时，就是回应他现在内心状态的入口，也就是你和他之间的一个重要联结。

对我来说，我会参与孩子的选择、支持他想做的事，顺应他的各种"冲动"。在这当中，最自然的状态是观察、不打断、不干预，并且给予合适的素材和情感的回应。在养儿育女的过程中，我找到了自己过去成长中未解的心结，重新面对孩子和自己的内心，并试着去整理它，重新面对自己的课题。

在条件允许的情况下，父母仅仅是观察，不打断、不干预、不逼迫他加速或跟上大人的速度，渐渐地，孩子就会察觉和感受到自己的内在步调。 即便你的孩子现在已经就读小学或初中，这些观察和回应也都还来得及，因为孩子的内心永远期待父母主动来认同他，帮助他静下来聆听内心的声音，允许他专注在自己的感受和想法上，确立自己做法的可行性，帮助他增添信心。

观察并给予合适的素材

艺术表达、多元媒材使用、游戏治疗回应,协助我和许多父母将自己与孩子的心连在一起。而这些日子我也充分体会到,在父母和孩子共同拓展"潜在空间"的现今,那些就是日常生活的点滴。

很多人在见到 Emma 后,很难想象她原来是个容易因为挫折情绪而大起大落的高需求宝宝。通过回应,她开始可以描绘和把握自己的情绪,推己及人的同理能力也自然而然地发展出来。她在两岁半时,常常叽叽喳喳地说故事,在聊天的过程中,她不断问问题、说故事,对剪刀、缝纫产生兴趣,这就是她现在最喜欢的事情。

Alber 在一岁多时,很喜欢把东西套在另一个东西里面,他专注、乐此不疲,成功的时候,会满足地咯咯笑,像是自己逗乐自己,这是他给自己的任务。身为父母,除了观察他们的主动和冲动,我的回应就是不去打扰他,这就是我身为平凡父母,除了三餐供给和陪伴之外,最乐于做的事。

观察和给予合适的素材,其他部分就交给我最熟悉的"情绪回应"和"内在描绘",帮助在崩溃失控边缘的孩子,运用自己的把握感，慢慢回稳，并且学会用自己喜欢的表达方式来阐述自己。

直到三四岁，他就会慢慢对自己的内心有掌控感，进而腾出空间观察、看见，并自然地装进其他人的需求和社会的规范，期待通过规范来增进人际交往的能力。父母只需秉持游戏式的情感回应，就像一面镜子，让孩子沉浸在当下，感受自己正在做的事情，并且乐此不疲地持续着。

帮助孩子稳定情绪的『冷静瓶』

当孩子在家里捣蛋作乱，就算父母一再设限，他们还是不听话时，坚守不打不骂原则的你，是否也快要崩溃了呢？

帮助孩子情绪回稳，是我们和孩子共同的功课。我们要让孩子知道，当他的心情低落、不佳时，不是只有被责备、被纠正，而是会有个让他内心舒适的地方可以去停留。

其实是有法宝可以让孩子冷静下来的，例如在家中设置"放松角"。**放松角并不是为了隔离，或是处罚孩子，而是让孩子慢慢从崩溃的情绪中平复下来**，所以这个地方其实应该是舒适的，充满孩子熟悉的东西，甚至孩子的小被子、玩偶娃娃都可以放在这里。在这块地方，有助于孩子拓展静心区域，让孩子在慌乱失措时，有一个心里的家可以回。

当孩子情绪崩溃时，我的做法是，让孩子处在能将崩溃情绪暂停的地方，通常是厨房或是餐厅，而且这个地方可以让孩子看得到我，以便让他冷静下来。我会告诉他我在不远的餐桌那里看一下书，同时也让我自己冷静下来，等计时器时间到，发出"嘀嘀嘀"的声音，我就会过来问他："告诉我，刚刚发生了什么事？""需要我怎么帮助你？"父母可以依照自己的状况决定，是不是要留下来陪伴孩子，但至少要提供计时器，让孩子知道父母何时会再出现，或者就在附近。

除了"放松角"，还有一个不可或缺、堪称美国育儿法宝的

"冷静瓶",冷静瓶又称为"Time out bottle"或是"Mind Jar"。观看眼前冷静瓶内的金葱粉[1]飞舞,心中默念"五、四、三、二、一",从晃动到沉淀,心情也会慢慢地平静下来。

Emma两三个月的时候,我们就尝试制作这种神奇的小瓶子来使用。我们观察到,当崩溃的小婴儿接触这种冷静瓶时,会慢慢转移注意力,沉淀心情。随着瓶中金葱粉的舞动,孩子会回到迷幻又美丽的当下,慢速接回理智线。

---

1 金葱粉:也叫闪光片、闪光粉,广泛用于各种工艺品,能增强产品的视觉效果。

通过倾听，
打开耳朵的我们
就会拥有与孩子
心连心的能力

恒温妙方

冷静瓶·安静瓶

材料：水、食用油、金葱粉、食用色素或水彩颜料、各种小珠子、小玩具等。

方法：瓶中倒入金葱粉、水、食用油、食用色素或水彩颜料，再依照不同主题加入其他想装饰的物件。

制作步骤：先将水倒入瓶内，再加入食用油，最后加入其他装饰，如金葱粉及各种小物品。

> 冷静瓶最主要就是瓶装 1/3 油＋1/3 水＋1/3 各种你想添加的装饰物，简单完成的疗愈冷静小物，是我的崩溃回血瓶。

延伸创作

1. 疗愈海洋瓶

同上述一样的操作程序,再加入贝壳、一个塑料袋。如此一来,就会有透明透光材料的折射,加上贝类,就像水母在瓶中漂浮一样。

2. 冷静星空瓶

按照比例将油、水加入瓶内,再加入不同颜色的金葱粉和胶水。这样不但整瓶油水分离,还层次鲜明,又有金葱粉在闪烁、慢速浮动,仿佛水晶球或是星空般闪闪动人,非常治愈。

有些人会在瓶内加入制菌剂,以防滋生细菌。千万要记得,无论瓶中装入什么,瓶口都要封紧,以免内容物漏出来难以清理。

除了上述所说的材料,也可以加入小石子和花等,创作属于自己的"四季感官瓶",让孩子一起体会四季变化的美好。一个瓶子有多种用途,依照我们的生活经验,通过多种活动,多多与孩子进行联结,两颗心聚在一起,然后再好好回应这个世界。

维持优雅心境，
从『改造环境』开始

自 2020 年起，全球疫情严重，孩子在线学习、家长在线会议，在孩子不能送托的状态之下，居家幼儿教育和居家生活如何实行蒙台梭利养育法成为热议话题。

玛利娅·蒙台梭利强调"在环境的准备方面，要改造成安全、适合孩子探索和学习的环境"，她所创办的第一个蒙台梭利教室——儿童之家，意大利文即为 Casa dei Bambini，Casa 在意大利语中，就是"家"的意思。

华德福教育中也有类似的概念，非常重视孩子的身心发展，将学校布置得温馨、具备爱和温暖的感受，协助孩子通过内外的观察，了解内心和外界的变化，进而和世界联结。

我们前面几章提到幼儿是依据内在冲动行事，当他们横冲直撞、怎么说也不听、各种敏感期来临时，常让家长感到紧张、挫折，变成这个喊"不行"、那个喊"不可以"的崩溃教养。家长其实在阻止孩子之后，内心也会懊恼和患得患失，一方面害怕耽误孩子的发展，一方面又担心不经意的物品摆放，会让孩子身处危险环境。

想要"优雅育儿"，环境的改造是非常必要的！如何设置环境，才能让小孩子在安全的状态下迎接敏感期的到来，充分探索周围的世界，又让家长不轻易发脾气呢？

也许我们家的实践，可以为你提供一点灵感。以下是我们家的居家安排。

自由创作区

客厅撤掉了沙发和茶几，多了温馨的坐垫和懒人沙发，整个客厅变身成游戏场＋剧场＋创作区，颜料和散落素材及小工具则收纳在旁边的橱柜里，由他们自己选择今天想串珠、画画、玩磁力片、看书还是其他活动。客厅地垫是加厚的款式，不怕他们爬、不怕他们摔，妈妈陪玩时，也更放松。

外衣自理区

让外衣区变成孩子的时装展示台,只要符合时令,他们爱怎么搭配就怎么搭配。

我在客厅的换衣角设置了一个外出外套自理区,让孩子们可以感受一下当日温度,然后再挑选外出的外套,因为只有外套可以选择,他们会彼此鼓励对方穿外套,如此一来也避免了外出时"你追我跑"的剧目。

这个方法的效果非常好,自从有了外衣区,早上的互动就变成这样:三岁的 Emma 早上想穿短袖出门,我说:"你可以去客厅走一圈感受一下外面的温度,我们房间有暖风,外面没有,你等一会儿是要到外边去,所以你可以去晃三分钟,感觉一下,再回来挑选你想要穿的衣服。"她晃完之后,回来挑了长袖和长裤,不用我追着跑在后面唠叨,而衣柜的高度符合她可以拿取的范围,完全可以避免在穿衣时的争执和拉扯。

出门穿鞋区

我会将近期孩子们外出常穿的鞋子,摆在椅子正前方,一方面我可以轻松给他们示范如何穿脱和收纳鞋子,另一方面则是避免孩子出门时的选择困难，导致闹情绪或不必要的亲子冲突。

> 给孩子安排一些安全的厨房工作，让他更有参与感！

厨房参与区

不知道大家有没有这样的经历，当你做饭时，旁边出现"妈妈抱，妈妈抱，呜呜呜"的呼喊声，尤其一带二的时候，这种需求是会传染的，一个要抱另一个也要。不做饭时，有时候我会两个都抱（练臂力），但在做饭时只有崩溃的份，加上我在家没有帮手，需要长时间料理孩子的三餐，后来就发展出只要我待在"火区域"，便让他们停留在"水区域"，基本上小孩子有水就会很乖，而且在我看得到顾得

到的范围。示范一次怎么洗碗后，就拿摔不破的碗给他们清洗，虽然我平常也会拿陶瓷碗给他们用，但不是在洗碗的时候，因为只要摔破一个陶瓷碗，很容易导致在一旁做饭的我理智掉线。为了相安无事，我会选择保险路线让他们好好洗。若是家有双宝，站椅请务必准备两个，避免拉拉扯扯。

餐具自理区

虽然这个区域的东西常会被拿出来玩，但大致上有了餐具自理区后，就可以避免他们在餐桌上当"小皇帝"，不会一直喊

着："我的盘子呢？""我的汤匙呢？""我的水杯呢？"（孩子一喊我就瞬间就有种在别人家当帮佣的感觉。）

落地床铺及地垫

由于我们家有一个大号床垫和双人床垫正好铺在地上，加上地垫原本就刚好铺满房间，整个卧室都很安全，点上精油更好入眠。

衣服自理区

衣服自理的初期，我们曾经改造了收纳箱，用收纳箱搭配衣帽架组合成一岁小孩子的自理区，让他们练习挂衣服和拿衣服。进阶版目前则是妈妈贡献出的下层衣柜，下层衣柜的高度大约一米三，可以让孩子每天轻松选取衣服，下层摆放的抽屉收纳柜则是裤子专区。

衣服自理的能力从一岁半就可以开始培养，毕竟孩子一年四季的感受和需求只有他自己最了解，鼓励孩子独立思考，练习做决定和感受四季的变化。当孩子自己的穿搭，搭配得上外面季节的冷热变化并符合需求时,也会提升自信心和决断力!

协助孩子衣服自理的方式:

1. 首先从好穿脱的衣物开始。

2. 在孩子的右前方示范穿脱衣服的要领,让他不会前后不分。

3. 不要求完美,孩子自己做到时多鼓励他(用口头鼓励取代奖赏)。

别低估孩子的能力,他们会为自己能做正确选择感到无比开心。

清扫用具区

一到四岁的孩子很喜欢扫地，每天都会去清扫区主动拿取工具。在我们家，孩子的清扫用具收纳在后阳台，放在大人清扫用品的旁边，当孩子看见父母使用的方式，也会跟着拿来使用，父母则能轻松达到以身作则的教育意图。

> 卫生空间区

A. 如厕训练：大家看到的那个可自己搬运的上厕所架，一岁八个月的孩子和三岁的孩子都可以准确搬过去（实测）。一开始我还怕儿子会搬出来玩，掉到马桶里，后来发现孩子是有样学样，老大怎么做老二就会跟着学。

B. 安全矮凳和水龙头延伸器：有出水口的"鸭嘴延伸器"被他们拔掉了没拍到，大家可以在购物APP上搜索"水龙头延伸器"自行购买。

低矮攀爬架

疫情期间本来很想购买攀爬架,但因为我是一带二,而且孩子们都还小,考虑到我在帮其中一个孩子洗屁屁或洗澡时,另一个孩子自己去玩有掉下去的危险,所以就自己组装了一个低矮攀爬架,既满足他们爬的需求,也可以随时变身为生活用品。

孩子的人生只有一次，父母也是

我在育儿的过程中，非常重视"情绪的回应"和"内在的理解"。我发现只要在环境的设置上能够保证孩子的安全，就可以帮助主要照顾者在育儿时不莫名担心，找回理智，专心于自己的内在照顾，以及孩子的内在回应及引导。这样一来，不但可以帮助自己优雅育儿，也让双方崩溃的次数减少，更能做到恒温教养。

当父母心中有担忧，又要顾及孩子向外探索的安全，就容易导致"无形的内忧外患"，在教养上患得患失，造成彼此的误解。在育儿时若能在环境和心理方面双管齐下，父母和孩子就能相互成长不打结，实现双赢。

来玩！
就地取材的
『耗电』小游戏

当天气不好，外面下着毛毛细雨，或是一眼望去，一片雾茫茫的时候，如何让正值敏感期的小孩子在家就地取材消磨时光呢？下面介绍几个简单小妙招，让你在家就能达到目的。

我常把家里当实验室，在育儿的同时，也创造出许多难忘的家庭回忆和快乐。每天 Emma 起床后就会问我："妈妈，今天要做点什么呢？"然后我们就一起动手，在有限的空间和时间里，一起创造无限可能。

纸箱"耗电"

就地取材：纸箱（需消毒）、小刀、彩笔、塑料球

我最常做的就是评估家里的大纸箱，检视其强硬度和干净程度，也会将它们消毒后再拿来使用。

首先，将纸箱挖洞，并在上方画上各种颜色，拿出家中的塑料球，和家中一岁多的孩子玩扔球游戏，训练他"扔"与"捡"的肌肉控制；两岁的孩子则是数数、教她辨认颜色，再通过投球锻炼肌肉力量。游戏时还可以搭配比较动感的歌曲。

拍画"耗电"

就地取材：水彩、纸张、可封口的塑料袋

准备图画纸或用过的纸的背面等，滴上颜料，装进可封口的密封塑料袋里面，让孩子在上面拍打，就可以获得漂亮的拍画，还能实现"耗电"效果。

彩米"耗电"

就地取材：水、食用色素、大米（不用太多，够用就好）

在米粒上滴入食用色素，创作出彩米。对于是否浪费食物这点而言，因为此招可无限循环创作，其实还是值得的。如果

第3章 爱的游戏让孩子与世界产生联结　301

家长觉得不妥的话，也可以用其他东西代替。

另可搭配图画纸、树枝和绘本，将彩米当成沙粒，让宝宝的心情沉淀下来。放点音乐，让孩子一边唱一边玩。

自制黏土

就地取材：食用色素、中筋面粉 3 杯、水 1/4 杯、食用油 1/3 杯、热水 1 杯、盐 1/2 杯

只要用面粉、水和食用油，就可以做成白色的黏土，加上食用色素的助攻，各种颜色就出来了。

通过童话故事，拓展亲子对话

当你下定决心，教养孩子时绝对不能像自己的父母一样没耐心、充满评价，但是嘴里却吐出和他们一模一样的话语时，你吓坏了。

为什么我们不想像当年自己的父母那样，却又说出了一模一样的话呢？

这些跟"情绪经验"有关，当我们想起父母时，就开始想要改变过去他们对待我们的方式，这不是很奇怪吗？因为这些过去的情绪经验，令人印象深刻，为了保持父母美好的形象，避免我们被唾弃、被排斥、被讨厌，父母的可怕部分就得由其他角色来承担，这在童话中也很常见。

童话制造了一个第三空间，外化了这个"坏"，来保证父母是孩子信任、亲近、撒娇和成为安全感的源头。而童话中善恶分明的角色，正好让孩子在心理空间做出划分，保留好的父母、应付坏的父母。这两种父母在现实世界中，共存于同一对父母身上，这些足以让孩子感到分裂。

每一次将 Emma 抱在胸前，跟 Emma 讲童话故事的时候，我会用奇怪的口吻，入戏地帮角色配音，尤其是对于坏人角色，像是大灰狼、巫婆等。当我开始怪腔怪调，Emma 就会立刻回头，捂住我的嘴巴说："你是妈妈，你不是巫婆！"

当她紧张地维护"妈妈"的善良时，也似乎是在提醒妈妈，无论平时对她如何要求、唠叨和期许，例如快睡觉、多吃点、玩具不要乱扔一地等，在她心中依然与母亲确立了安全依附关系，保持美好感受，这也是在游戏和教养之外，美好的片刻提醒啊。

身为父母，我们有机会从同理心的角度，再当一次小孩。尝试站在孩子的角度，去思考他们言行举止背后所代表的含义。而父母能给孩子的，即是以身作则地去做好每一件事情，并且尊重孩子的每一个选择，相信孩子有能力做到他们自己想做的事情。蒙台梭利教育最美好的精髓在于带领孩子认识自己，找到并发展自己的天赋才能，教他们如何好好生活。我们都是在老师和家长人手一个"教棍"的年代长大的，这些对待我们的方式，是那个时代的遗物，也写在我们教养过程中的原始程序里。

在育儿压力之下，我们努力地不轻易使用这些工具，且愿意尝试用各种方法与孩子靠近，这就是最无可取代的"给予爱""付出爱""改写爱"的方式。我相信事过境迁，二十年后的孩子们，回想起我们这一代的父母，一定跟我们回想起父母辈时有不一样的感受，我们不得不说"成为父母的每一刻"，都是在改写家族史和人类表达善意方式的进化奋斗史。

恒温妙方 用心陪伴，让孩子感受满满的爱

写下目前你在育儿路上采用的新方法，例如美感培养、户外活动等各种育儿妙招。

_____

_____

_____

自我肯定一下你的努力有多不容易，孩子也因为你的用心和学习，感受到满满的爱。

_____

_____

_____

_____

当孩子的探照灯，
关注他的想望和需要

理解孩子的『坏』
都是有原因的

虽然我们多了一个"父母"的角色，但是我们也有孩子气、平凡且脆弱的时刻，如果我们能正常表达这些情绪，孩子的心也会跟着放松，因为他们也希望父母是平静且幸福的。当孩子仅凭内在冲动行事时，他们并不是故意要让父母过得不好，光是相信这点，我们就知道"父母有能力协助孩子在情绪不稳定的时候，慢慢平静下来"。父母需要做的是缔造一个安全环境，让他一次又一次地练习。

例如，当孩子想要爬高，甚至要放手向后倒时，从成人的角度来看，并不会因为他表现出朝气蓬勃的模样而竖起大拇指，反而是心生焦虑和恐惧。但是三岁以下的孩子，正处于冲动行事的时期，加上以自我为中心，缺乏自我意识的思考，当下很难理解大人的阻止和反对。

而我们在接受亲子关系咨询的过程中，常会在孩子这段"零到三岁的成长动乱期"用以下方式，协助父母习惯成自然、熟能生巧，回应孩子的想法和情绪，为什么呢？因为习惯的养成非常重要，如果父母在这几年之间内心疲累无人了解，在协助孩子面对往后的挑战时，即便是"相安无事的小学阶段"都会因为唠叨了六年的习惯，还会继续唠叨六年，在下一个阶段——青春期的动乱中，就更容易感受到与孩子失联的难受。

我们会建议父母在感到孩子开始怎么说也不听、吵吵闹闹、尖叫崩溃时，第一时间过去抱抱他、搂着他的肩膀（身体接触），语气低八度，闭上眼睛，慢慢跟他说：

1. 没关系，我了解。
2. 没关系，我懂。
3. 很难受对不对，我会一直陪着你。
4. 我知道你也不想这样。
5. 没有人喜欢变成这样。
6. 我知道你一定感到很受挫。
7. 在难受的时候，让我陪你。
8. 不要紧，有我在。
9. 我了解，这不好受，你一定有很重要的消息要跟我说。
10. 我会帮助你，跟你一起慢慢平静下来。你能告诉我发生了什么吗？

记得语气要缓慢，如果你也有点失控，就闭上眼睛，自己慢慢说给自己听。 孩子情绪起伏时，他可能已经被大脑的边缘系统"挟持"了，这时候，你很容易因为感觉到他的情绪化，也跟着情绪化，所以这些话你也是讲给自己内在小孩听的。在孩子情绪化而你也即将情绪化时，重复讲这几句话，孩子就会因为慢慢感觉到你的靠近而不会失控，重要的是，你也安抚了自己的内在动荡。

当你养成习惯一直这样回应后，也能帮助自己缓冲和冷静。无论你眼前的孩子几岁，他遇到怎样的挫折，你都有机会通过话语同时照顾他和你的内在，帮助自己充电。当你的内在被安顿好了，你才有空间装进对方的尖叫、无助、嘶吼、难过，你才能真心感受到孩子需要你的帮助。

这些习惯建立好了，在孩子较为稳定的小学阶段，甚至是在幼儿园开始学习社会互动时，孩子才能学会良好的自我调节方法，这会帮助孩子建立"内心容纳之窗"。我希望在这之前，父母也有机会锻炼自己的内心容纳之窗，你会慢慢感受到，没有人是坏人或者没有人想要破坏你与孩子的关系，即便是一次次的冲突、挣扎、无助，都有机会让爱的感觉进驻你们的亲子关系。

不要让孩子有机会误解你,除了表达你的心情,也要表达你愿意聆听孩子,更重要的是分享你愿意和对方修复裂痕及一起成长的心情。你会发现,每一次的亲子冲突都是奢侈品,能让我们一起修补和重新定位珍贵的亲子关系。

无论在何时何地,承受孩子成长挑战的父母或主要照顾者一定是挫折不断的。这份挫折会一直延续到孩子四五岁,当他们开始有自制力时,才会有机会收割前面的付出。但有多少父母在孩子出生后的前四年,就已经感到心力交瘁,进而失去探究的心呢?

接纳孩子的需求

蒙台梭利女士指出,孩子在生命中,有两个变化剧烈且不稳定的阶段,分别是在零到六岁和青春期。这两个时期,孩子受到"内在"召唤大于"外在"认为的规范,可能是人生中最容易有兴致,也可能是最容易扫兴的阶段。

在零到三岁这几年,孩子是以无意识的方式,吸收感官接收到的所见所闻,就像是海绵或照相机一样无条件吸收。这时候孩子的脑神经特别发达,能快速吸收知识。

两到四岁之间的孩子最麻烦,他们每隔一段时间就会出现一些棘手的问题。胆子较大的孩子会向外寻求刺激,令人担忧他是不是过于冲动;而胆子较小的孩子也会成长,但他的"需求"需要更加突破。这类孩子比较关注自己的内在,对外则担忧他人的眼光。

直到三到六岁,孩子才开始有意识地吸收信息,强化某些神经元的连接,并且慢慢地建立起心智。

在孩子保留记忆的阶段,我们无法用规则或惩罚的方式逼他就范,因为他尚未发展出相对应的大脑心智状态,所以规则与惩罚对孩子来说就是一种"感觉"而已。

孩子的"坏",都是有原因的,也就是说,是有原因让他成为现在的他。我们每个人都不是完美的,我们允许自己有需求,更要接纳孩子也有他的需求。

身为父母的我们,只需要做好准备,如果我们乐于体会孩子的感受,并带着趣味性,乐于成为孩子的一部分,孩子的成长过程就会充实且美好,你也会从中体会到心连心的感觉。

在孩子成长时期做个心态平和的爸爸或妈妈,不怕他有想法,不觉得他麻烦,不对他的要求生厌、合理地给予他做得到的选择,在被孩子突然攻击的时候,还会爱着他,愿意给他完整的体验,这样就够了。

父母用爱和耐心
陪他经历

人生黄金六年

两岁 不爱睡觉

一岁 爱尖叫

三岁 打人、咬人、扯人头发，令你时不时烦躁

四岁 幻想、尝试说谎、口不择言

五岁 花很多时间换衣服和造型

六岁 一直问问题，开始介意外在评价

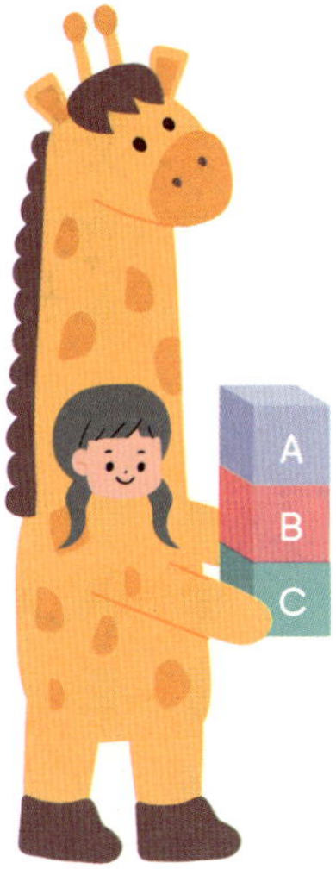
A
B
C

正确使用电子产品，
与孩子保持心连心

有多少次，我们处于和孩子产生裂痕，或是不甘示弱的状态。例如，当你得工作或做家务时，他却想要你的陪伴；你要求他完成他本分的事，而他却无动于衷；你让他收起电子产品时，他却抱怨连连；你出手帮他整理房间，他却怪你多管闲事等。

太多时候，亲子之间的对抗都是其来有自。父母可能因为身体疲惫、不舒服、工作量太大、感到焦虑等，对孩子不耐烦或生气。不过，在对抗过后，等到精神和身体状态稍微回稳的时候，就可以跟孩子一起分享你的内心。

不用害怕孩子会看不起父母，**孩子喜欢的是父母的"真实"，也因为他有真实的父母，允许他成为真实的人。这种真实的经历，对陪伴孩子，尤其他处于青春期的动荡时非常重要。**

或许有些原因会让父母不愿意修复彼此之间的关系，觉得时间可以解决一切；或是担心在孩子面前袒露内心，会被视为软弱、无能，甚至被无视；或者觉得父母的规定可有可无，会造成孩子的无所适从，干脆一路错到底。而这些都源于父母内心的恐惧。

父母会害怕自己太没有原则，害怕自己被孩子鄙视，害怕自己误了孩子的一生，害怕孩子的未来会因为自己毁于一旦等。这些恐惧都会让父母更加固执，想要孩子忘记这些不完美的时刻。殊不知，就因为这些时刻的情绪强度太大，最容易在孩子的心里印下刻痕。当孩子了解到父母也有这个状况，才能理解自己也有脆弱这回事，有助于他之后的"自我接纳"。

阻碍"修复"的绊脚石

我自己有时候也会有这种状况，对孩子发脾气后，等到我觉得自己的状态好一些，就会跟孩子分享：

"Emma，刚刚妈妈对你讲话很凶，让你感到很难过对吗？"

"Emma，刚刚你跟我说话不礼貌的时候，我也对你很严厉。这一点，我感到很抱歉，但妈妈最近实在是太累了，累到我都感到自己迷迷糊糊的，也许我需要的是休息，不是凶你，你觉得呢？"

在我的工作中，常常有父母前来咨询青少年的问题，我最常被询问的就是，如何解决制定电子产品使用规则所导致的亲子冲突，甚至当亲子关系被破坏时，要怎么修复才会好。

其实，我们可以试着说："我看到你周末都在家里玩手机，我觉得有点着急，一个青少年整天待在房间里，没有出去走走，一整天下来一直面无表情。我想起上次去听讲座，提到电子产品给青春期孩子带来的影响。我想跟你一起商量一下。"

父母心中的担忧、恐惧和无助，以及觉得被无视、不知如何表达、感到挫折，这些都可以成为"修复"的素材。

依据我们的实际经验，这些素材并不会使亲子关系产生裂痕。反倒是隐忍不说、压抑忍让、忽视逃避，才可能使亲子关系降到冰点。

其实，进行"修复"并不是要去评论谁对谁错，很多父母主观认为"修复"是一种示弱行为、觉得父母权威被剥夺、让

孩子看见自己的不完美，这是最大的绊脚石。

父母因为不想被孩子"小看"，就成了不愿意妥协的"关系钉子户"，僵持、逞强，加上不了解如何道歉，很怕一不小心就会弄巧成拙，这些都是父母内心不可说的恐惧。

发展有好感的"依附"关系

在儿童和青少年相关工作中，我们常常担任信息的"翻译"角色。我们可以看到，对父母来说，本意不是要骂孩子大奸大恶，也不是要摧毁孩子的信心；而是在拿捏之间，不知道怎么表达失望，不知如何激励孩子奋发向上，于是就用了激烈的方式表达，让孩子脑补"父母就是为你好"。

但其实这并不是一个好方法，这种方式虽然可以看到父母内心脆弱的一面，也很容易让孩子武装自己，让你猜不透他的想法。

依附关系是可以发展出来的，关键就在于谁先踏出第一步。如果不知道该怎么做，就找个专业人士做中间桥梁，翻译一下，帮忙建立关系。关于亲子关系这个问题，其实是不容易也不简单的，让我们给自己还有孩子一个大大的拥抱和鼓励吧！

恒温妙方
修复关系停看听

跨出那一步的你,给自己一些鼓励,你觉得那会是什么?

1. 我觉得自己真不错,因为
   _____

2. 我觉得自己真不简单,因为
   _____

3. 我认为自己真不容易,因为
   _____

4. 我认为自己真有勇气,因为
   _____

5. 我能看见自己的温柔坚定,因为
   _____
   _____
   _____
   _____

你对于修复有哪些担忧?

1. _____
2. _____
3. _____
4. _____
5. _____

想一想,孩子的不良习惯有哪些,如何在纠正习惯的同时修复亲子关系?

1. _____
2. _____
3. _____
4. _____
5. _____

"身体自主权"在婴幼儿阶段就已经开始起步,大人应以身作则,淡定接招及回应,通过"问到哪儿讲到哪儿"潜移默化中影响孩子在日常维护身体的自主权,以及孩子对自己、对身体、对感受、对自我观感的认识。每一项发育都象征着自我观点变化的里程碑。

正面回应孩子的"性好奇",不用过度焦虑,用"阶段性教导"和孩子一同以健康的态度找寻答案,才能让孩子的心智及自尊正向成长!

特别篇

和孩子谈性，父母一定要知道的事

性教育的第一步
——身体自主权

自己的孩子自己教，关于性和身体的自主权，不假手于陌生的"网络老师"！

如果问，孩子的身体自主权应该从几岁开始教导，你的答案是什么呢？小学，幼儿园还是初高中呢？

其实身体自主权的概念，从孩子出生就可以在生活教育中逐渐落实。我学过宝宝按摩，按摩前我们会先跟宝宝沟通："宝宝，我们要开始按摩了哦！"然后观察宝宝的反应，这个动作叫作"征询同意"。**身体自主权并非只有狭隘的性、月经、勃起、梦遗等，而是关于对身体的重视，身体界线的领域观点，以及个人情感的意愿和同意程度，相对于这些问题，性自主权教育可以说是全人教育。**

我的播客频道"FACE崩溃娃的镇定计"中第五到七集曾提到关于"身体自主权的探讨"的家庭教育，这一项需由家长做起，家长首先要正确面对自己生理的变化，用健康的态度面对身体的变化，不怕面对身体的各种自白，不用"那个""下面"等隐晦的词语来形容身体，保持开放的态度，孩子问到哪儿讲到哪儿。孩子就不容易因为想问不敢问，反倒被淹没在社交媒体似是而非的观点里。

孩子在幼儿时期对于爸爸或妈妈的器官和自己不同，抚摸自己性器官感到舒爽，又或是睡前会磨蹭棉被，这些爸妈在门后担忧的话题其实都有解。尤其是孩子在青春期身体剧烈变化，加上对异性好奇，这些"变为大人的困扰"蜂拥而至时，就更想找答案，又因为没有和家人讨论过，再加上各种别扭心理的影响，就更难以和大人启齿。

青春期的性发展阶段常跟情感和人际关系绑在一起，假如孩子因为对身体的不了解，大人又不知道该怎么和孩子"无痛讨论"，孩子在同辈互动的过程，误以为有性就要爱，或者有爱就要性，反倒会做出许多自以为爱对方的行为。不尊重对方的情感、意志和身体自主权，过度把性和爱进行联结，运用本能来求偶，就容易造成更多的错误解读和情感纠葛。

婴幼儿时期就有身体自主权

身体的自主权在婴幼儿阶段就已经开始起步，无论宝宝有没有回应，他们都是独立的个体，他们已经有自己的意识和感受。当我们要帮小宝宝换尿布、洗澡、洗屁屁、长大一点帮他洗澡，都可以事先告知，他会逐渐开始感受自己的身体。

如果是对待小婴儿，事先就告知，像是："妈妈要帮你洗澡，水会慢慢变温哦！先从洗脸开始，眼睛、鼻子、嘴巴、耳朵、额头……"这些点点滴滴，其实就是在实施渐进式的身体自主教育。

直到孩子两三岁，关于亲亲抱抱、穿脱衣服，都是一种身体自主教育的好时机。到了再大一点，走在街上，可能会有陌生人看见孩子很可爱，想要过来摸一下、抱一下。很多人不好意思拒绝，即便心里不舒服也要礼貌回应；即便不喜欢，也觉得忍一下就过去了；即便觉得对方怪怪的，也站在原地不走。最后孩子跟着学会了迁就，这些在孩子成长的过程中，就此落地生根，更容易生出"以他人开心为主的情感关系"，导致对方不了解他内心真实的感受。

例如，在华人社会，逢年过节也常遇到这种状况。亲戚长时间未见，过年团聚就要亲热一下。尤其看到小孩子很可爱，直接就会对孩子说："来，姑姑亲一下，抱一个！"

孩子们都会有把爸妈推开，或者不想给爸妈亲亲抱抱的时刻，更何况是很长时间才见一次面的亲戚们呢。这时礼貌不是建立在是不是亲密的肢体接触上，如果大人维护情感交流是建立在孩子的不愿意和别扭上，相信也没有达到家庭教育的效果。

先确认孩子的意愿，若孩子还没准备好，就让他暂缓。如果孩子明确表示不喜欢、不熟、害怕，千万别嘲笑孩子。这时以手指或东西接触，或者利用大人间的热络取代身体接触，才是维护孩子真正感觉的正确做法。

正视自我感觉很重要

为什么我们要重视孩子直觉式的身体体验？将维护"孩子内在的直觉反应"对应到"恐吓教育"上，一个是运用动物本能保护自我，一个是用脑袋的判断来预测环境危机。

正视孩子的自我感觉，将帮助我们从聪明反被聪明误的大脑判读中走出来，推翻一些似是而非的观点，像是"他是你亲戚，给他摸一下没关系"等。对我来说，从小就让孩子开始"正视自我感觉"是非常重要的。

"性"这个议题，常暗含"色情"及"裸露"这些扭曲的偏见。当我们对自己身体感到排斥时，我们的身心将会失联，会感到有一部分的自己遗失了。

关键的自主期

说到身体自主的决定权，大人的每一个回应，都在潜移默化中影响孩子对自己、对身体、对感受、对自我观感的认识。孩子成长的每一个时期都是自我观点变化的一个新的里程碑。

孩子人生中第一个自主性的发展，是在两三岁时，这时他什么都想自己来，每一句"我会""我行""我可以"，往往都有"理想"中的自己和"现实"中的自己的落差，需要大人的观察、接纳、信任和适时的协助。

我女儿在两岁多时，什么都想自己来，脱衣服、穿衣服、穿哪一件、怎么穿鞋袜，都有自己的意见。她想自己穿的时候，我会在旁边示范一次，然后补上："如果需要妈妈帮你，可以跟我说，妈妈会在旁边协助你。"然后在旁边观察她怎么做，并适时提供她所需要的帮助。

在孩子的第一个自主期，教导孩子正确维护自己的感受，并且观望他人的感受，以尊重为前提，让孩子体会到自己和他人之间是有界线的，这对孩子很有帮助。如果父母在这一关顺利通关，在第二关青春期的自主发展中，像是承受孩子的臭脸、翻白眼、不理睬、话少不回应和装酷等，往往只需要适当地调整即可。

在这两个时期，家长所持的态度只要是"在你需要帮助的时候，我会无条件支持你，回到你身边，一定会帮助你"。光是秉持这样的态度，摆脱酸言酸语，不落井下石，绝不秋后算账等，亲子关系就已经搭建起良好的基础了。**家人之间不压抑的感受，也是彼此主权的交流和尊重的建立。因为你的身体，就是你的身体啊！父母需告知孩子：他人得先征求你的同意再亲吻或接触你。无论是男孩还是女孩都以同样的方式教导。**

『阶段性』教导孩子产生好奇的小时光

从小，我们就对身体自主权施以教育。如果家长避而不谈，孩子可能在未成年时期，因为好奇通过各种"地下渠道"去学习。

曾经有位辅导老师在校园调查，孩子是通过哪些媒体接触到性或是身体的各种知识的。结果发现有三十几种连老师都没听过的社群或媒体，让我们不得不重视，审视孩子从中学习了怎样的性知识，或者不正确的观点。

"老师，我早上会勃起，是不是有病？"

"老师，女生看成人影片是不是很脏？还是我体内就是个男生？"

……

孩子在第二性征发育时期，会有十万个为什么，更何况是在性征尚未成熟之际，却有生理上的快感时。那些困惑和无助的心情，要寻求谁的帮助与向谁咨询，长大后又会演变成怎样的自我概念呢？

父母则担心过度谈论"性"，会让孩子铤而走险；担心过度开放，会让孩子破坏界线；担心过度袒露，会引发孩子无视权威；担心过度避讳，又会阻断孩子与自己谈心的空间。

我女儿两岁的时候，开始对我的阴毛产生兴趣。

当她第一次对着我的身体说"毛毛耶",接着害羞地说出下一句"遮起来"时,我就知道,她应该已经好奇过这件事了。

对于"性",长辈也难免感到别扭、害羞,担心孩子"这么早"就好奇会不会有什么影响,这些都来自他们爱的焦虑和担忧。

"遮起来"是长辈们在第一时间想帮助我教导孩子保护自己的做法,对我来说,就是要教导孩子领略另一个层面的学习。

她对阴毛的好奇,就像之前对我的胸部很好奇一样,所以我跟她说:"妈妈长大了,所以有粗粗的大腿、大大的身体、高高的鼻子、多多的雀斑、长长的手臂、大大的胸部,尿尿的地方也会长毛,这是很正常的,它正确的名字叫阴毛,爸爸也有。这些躲在内裤里面的毛毛,会帮助我们过滤掉外界的脏东西。就像鼻毛和眼睫毛一样,可以让我们不会被病毒感染。"

她问:"为什么我没有呢?"

我说:"等你长大就会有了。每个时期要长的部位不一样,就像弟弟,他的胃肠还没成熟,所以有很多东西他不能吃,因为没办法吸收。又比如说像你现在正在长高、变重、长头脑,话越来越多,手越来越好用,可以做很多事情,还有最明显的就是长牙齿和头发。这些都是重要的发育,每个时期都不一样哦!"

身为父母,对于两三岁孩子的发问和好奇,作为性教育启蒙,我们只要陈述事实,针对孩子的疑问去解惑即可。**教导孩子"你的身体跟大人一样珍贵和宝贝",不要在公开场合裸露,但在家的时候,洗澡或洗澡之后,适时的袒露和奔放是可以的行为。**

四到八岁孩子可以和他讨论小宝宝是怎么来的。其实在幼儿园中班,老师会教导孩子尊重彼此。学校和家庭双管齐下,是家长和学校共同合作的一个契机。

引导孩子健康成长

有时候面对八到十二岁上小学的孩子,在他们还没有性欲之前,过度解释性欲或者性交行为,的确会让孩子感到反感和不知所措。**我们得观察孩子的反应以及想了解多少,要依据孩子的需求来决定如何解释。**

有些女孩在十一二岁的时候月经初潮就会到来,这时候贴心帮孩子准备卫生棉,并说明用途是很重要的。对于男孩也可以连带说明,孩子的生理正在蜕变;生理期男孩的身体变化,即第二性征的发育。除了学校教育,父母也要有提早和孩子讨论的心理准备。

根据孩子的求知速度和心智程度给予适当的回应是很重要的。对于青春期的孩子,父母可以以较开放的态度询问他们:"你问的是好问题,想要了解到什么程度呢?我们都可以讨论看看。"如果是父母也不了解的问题,可以一起咨询医生、查看书籍,这些都是不错的渠道。

另外,**大人千万要记得,小孩子的私密照或视频即使再可爱,都不要放上网络,避免有心人士拿去使用,或者孩子长大后感到不被尊重。**

对孩子因为身体愉悦产生的好奇和探索不必大惊小怪,孩子在两到六岁的时候,这时期的自慰和成人的自慰是不同的。他们可能因为摩擦感到兴奋或快感,想要一直刺激阴部。这时候他们并没有想象的对象,反倒是沉浸在自己的快感中,所以此时的卫生问题是最重要的。例如他们触摸阴部的时候,有没有洗手;不管他们是穿着尿布湿摩擦,还是赤裸着摩擦,都可能因皮肤很薄容易细菌感染。

对身体的探索

这时候，父母和长辈要保持健康的态度，以器官的感受，一般化地教育孩子有关性的知识，而不是批评他"怎么从小就会这样"，或私下背后讨论。与其保持隐晦的态度，不如告诉他们："你还小，皮肤还很薄，尤其阴部是重要的部位，摸之前要洗手，不然细菌和病毒会跑进去，很容易生病。就像你没洗手去摸眼睛、鼻子、嘴巴一样。"大人的态度越自然，越容易和孩子针对问题找到答案。

孩子从小就爱吃手、吃脚、咬父母的身体，通过嘴巴进行各种探索。更会在肛门期的时候，感受控制排泄带来的快感，所以在该时期的探索都不奇怪。所谓"时期"，就是代表它有开始也有结束的一天，父母不用过度焦虑。

但如果孩子想在公开场合触摸，我们就要淡定地教导他，要"因人、因时、因地"，在自己的房间或有隐私性的地方触碰，不是在公开场合。对于触碰性器官获得快感这样的私密经验，要教导孩子可以在哪个地方进行，让孩子符合社会礼节。但不是让他感觉自己很脏、很羞愧、有罪恶感等，不能用这些无关发展的感受去钳制孩子的探索。

真诚地和孩子讨论自己的担忧、恐惧或无知，允许孩子表露学习的心情，更可以将"性"化为日常话题，表示"当你会好奇，代表你慢慢长大了，我会和你一起去找答案"。对小孩子说性器官，其实不必不好意思，可以将这些变成在家讨论的话题之一，孩子好奇时，有亲近的大人可以询问是很重要的。

正视孩子的「性」困扰

谈到身体，除了外貌、禁忌、想象、隐私和色情，还会联想到什么呢？记得小时候看电视，若出现一些亲密的举动，大人们就会用身体挡住电视，或者换台。

你小时候跟爸爸妈妈讲到谁喜欢你、正在追你，就会被用异样眼光对待，好像已经跟他（她）交往，已经打算亲密接触了一样。

对于"性"，我们有太多的想象，这些被禁止的事，一百年前如此，一百年后亦如此。在现在信息泛滥，孩子自己上网就能找答案的时代，父母真的能避之不谈吗？

每个人都有对性及身体感到好奇的时期，只是在道德劝说或羞愧文化的挤压之下，换了个找答案的方式而已。

对于性和身体，每个阶段的好奇和探索是不同的，大人需要摘下有色眼镜来看待孩子的问题，和孩子一起以健康的态度找寻答案。

正确面对孩子的性好奇

当女生的胸部慢慢发育的时候，会害怕跑步、害怕穿比较合身的衣服、害怕上游泳课，也害怕异性用异样眼光看待自己。

记得小学五年级，我第一次来月经的时候很紧张，姐姐要我把卫生棉从阳台上丢下去，以免被家人发现。小学六年级的时候，被班上小男生偷翻书包，翻到卫生棉，被整整笑了一年。

这些画面，至今还历历在目，现在依然感到莫名且无解。曾经，我的一个同学遇到更莫名的事情，班上有位小女生追他，他感到很困扰。他的爸妈却说："这样表示你很热门啊！男生嘛，没关系啊！给人家喜欢一下又不会少块肉。"

他说，他姐姐遇到类似的事情，爸妈反倒指责她："你一定是裙子穿太短，花枝招展的。不要随便对男生笑，以免被强暴。"

爸妈觉得男生不会吃亏，女孩子比较吃亏的性别印象，就在这样的回应中传递出来。可是，在现今的性剥削议题中，男性受害者不在少数，被骚扰、被跟踪手法更是千奇百怪。但碍于面子或害怕丢脸，往往是等事情变得更严重才会曝光。

之前，有个男性大学生患者对我说，他是用对谁勃起来侦查谁是"他的菜"。我讶异地问他，这样的观点是从哪儿来的？他说他在网络上看了很多文章，都是这样讲的：想要感应另一半，就用生理反应来找，这样最快，也可能最合拍。

如果他没有来咨询，而是继续依照生理反应来找配偶，那是不是会造成许多不良事件，或者直接依据生理冲动行事，促成犯罪？只要是未经他人同意，就不可以跨越性别的边界，随便、不礼貌地摸别人或触碰别人的身体。

当孩子感到困惑且急欲求知，大人的回应就很重要。对于爱和性的模糊地带，孩子有太多的未知，"拒绝"和"界线"更需要父母的引领。

身体的自主权影响孩子一辈子对于情感教育的态度，若太早关起 Q & A（问与答）的大门，孩子只能在网络上找信息，反而不利于他的成长。

> **恒温妙方** 面对孩子的性好奇，
> 　　　　　　具体的回应方法

面对孩子各种关于性的问题，父母可以用不避讳、正确且健康的观点引导孩子思考，孩子并不会因为越讨论就越好奇，反倒是遮遮掩掩、转移话题的态度，会让孩子寻求更多错误信息的渠道。

✘ "不要问，长大就知道了！"

　　拖延战术，父母反应别扭、不知所措。

◯ "很多生物从小到大都有不同的变化，像是青蛙、蜜蜂、小鸡，生物的繁衍真的很有趣，人也是。我们可以一起找相关书籍，一起讨论！"

- -

✘ "问了就表示你很色！"

　　把内心的恐惧放到别人身上。

◯ "宝贝恭喜你，会问这个问题，表示你长大了！你观察到身体的变化，观察到爸爸妈妈的身体和你的不同。"

✗ "是谁跟你讨论这个的？你在哪里看到的？"
  放错重点，其实是自己不知道怎么回答。

○ "我很好奇你怎么想跟我聊这个呢？我小时候也有这些疑惑，当时是从朋友、老师，甚至是杂志、电视知道的，我很好奇你理解的内容是什么呢？"

✗ "我们是你爸妈，该讲的时候就会跟你讲了。"
  结果一辈子都没有机会聊到这个话题。

○ "我们是你的爸爸妈妈，所以更该和你一起讨论，以后有这类型的问题，我们都可以一起找答案！"

✗ "你懂什么！小孩子不要瞎问。"
  从此断了跟孩子讨论的机会。

○ "哇！我知道你正在用你的方式参与话题，你最想问的是什么呢？"

不避讳讨论，和孩子一起找答案

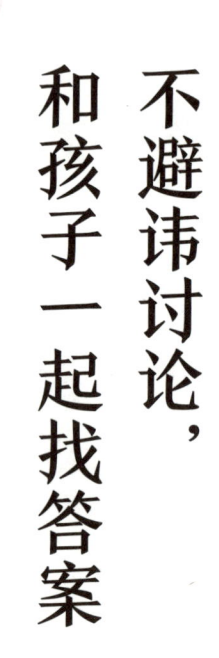

大约在上小学之前,孩子就开始对性产生好奇或者喜欢同学等,这时候父母就可以开始教导孩子界线上的认知,最常见的就是"喜欢"跟"接触"是否画上等号:对方有自己的喜欢,你有权利选择是否接受,不能因为他喜欢你,就跑来牵你的手、抱你或者亲你。

如果父母是依照自己的喜好对待孩子,喜欢的时候就搂搂抱抱,不喜欢的时候就叫孩子走开,不要靠过来,这会使孩子对于父母的反应没有预期,就更难以合适的方式对待同辈,也会导致孩子被不当对待时,直觉的敏锐度大大地缩减。

孩子有时会有这种似是而非的言论,像是"老师会这样摸我,是对我好吧""老师说我很优秀,所以他摸我应该是想要多教导我吧"。甚至曾有案例是,"邻居的哥哥说,要帮未成年少女破处,表示他来会比较温柔,会比外面的'野兽'更尊重女孩"。面对这些信息,当孩子需要自主判断时,敏锐的神经是否能发挥作用十分关键。

如果是从小就被尊重的孩子,会敏感地察觉到当对方以"喜欢""爱"为名,却行肢体接触之实,没有带入"尊重",其手法跟暴徒无误。这样的情况不分性别,都在模糊地试探,再施以似是而非的手段。

身体自主的考验题

在大学进行心理咨询服务的时候,曾经接到一位男性学生的求助,他表示他曾经疯狂追求一个女孩,该女孩已有男友,但女孩只要心情不好,就想要找他做爱,他感到很错愕。女孩还要求他只能委身给她,才是真的爱她,这让他感到更加错愕又觉得不值。当他跟朋友说的时候,朋友们给他的评价都是他得了便宜还卖乖,他感到很痛苦,觉得自己不想要这样的情感关系,却切不断。

还有一个案例,我在大学演讲结束后,有位学生跑来问我:"我男友平常对我很好,但在情绪失控时会暴力相向,但我实在离不开他,我该怎么办?"

我问她:"他是怎么对你的?"

她说:"他常常说这世界上他对我最好,却在情绪暴躁的时候,推我去撞墙,或把我扔在路边,不载我回家。"

我说:"那是他的说法,你对他的感觉呢?和他相处时你觉得如何?"

她说：" 我不知道自己的感觉是什么，只能通过他的话，不断说服自己他对我很好，我应该继续和他在一起。他是我的第一个男友，不想第一次谈恋爱就失败。更何况我们都坦诚相对了，我能不继续以身相许吗？"

这些关于身体、关于自己、关于感受，都是自主权的一部分。显然这些隐藏在暗处的对于身体、对于情感的困惑，远远超乎我们的想象。

我曾经和初中的孩子们讨论："你们认为夫妻之间，如果其中一方不想发生性行为，就能不发生吗？"有一半以上的初中生认为对方想要就要配合，不然就是不称职的配偶。

我跟他们说："即便是夫妻关系，只要一方不想发生，就可以拒绝。如果现在或未来交往的过程中，有人用'你是我女朋友，你就要满足我'或'你是我女友，难道你不爱我吗'这种说法来要求你，只要你真心不想，就千万别上钩啊！"

十六岁的孩子，即将拥有性自主权，在他们的脑袋里，关于受邀与拒绝之间的界限，有很多似是而非的想法，将影响着他们今后对于情感的认知以及是否全心地投入。

身体自主权的制约

"贞节牌坊"在古代被视为女人守贞之要,而在现代社会,居然被另类解读。曾经有个女孩找我咨询,她的第一个男朋友不断出轨,寻求其他对象,却威胁她若不守贞,不等待他回头,就是个坏女孩。

重点是,女孩也认为和他发生关系后,就要一直满足对方,喜欢上别人,反倒有罪恶感,认为自己很脏。

于是，这个女孩接受了这样的说法，并且被控制在不情愿的关系中好几年，最后以对方结婚终结。这几年的恋爱经历反倒让她对自己深感罪恶，并认为都是自己不对。

这就是在关系中"制住"你，用似是而非的观点诱发你的罪恶感，然后获得他想要的便利，这也是在性别和身体意识不足的情况下，容易发生的现象。情感教育是孩子一辈子的功课，如果在小时候就有机会接受这样的教育，明白"喜欢"与"接触"是两回事，在男女感情当中，也包括了"接受"和"拒绝"两种形态，甚至了解"喜欢"与"爱"也有所谓的分别，对感情有更深入的了解的话，才能更加保有自我。

从肢体接触这部分来讲，有时候大人会对孩子说"给他抱一下没有关系"，但是孩子的感受远超乎大人的想象。因此维护孩子对身体的敏感性，是让孩子保护自我的捷径。

很多时候，当孩子处于困惑，遇到无法解释的情境时，就只能持续用大脑将之合理化，像是"他应该是为我好吧""他应该只是觉得我可爱吧"，常常以对方的感受为感受，而忘了"尊重"这回事。**身为父母，要维护孩子的真实心声；孩子在人生中可能会遇到各种情境，让我们留一扇窗，成为孩子的解忧杂货店。**

我们得先了解自己的担忧,才有力气陪伴孩子,纾解他们对于人生的困惑和担忧。当我们有不了解的知识或者不知道怎么回应时,就坦白地跟孩子承认,"爸爸妈妈也有不了解的知识,那我们一起找答案,找到更好的做法吧"!

要永远记得，
孩子一直都接纳着
我们呈现出的所有模样

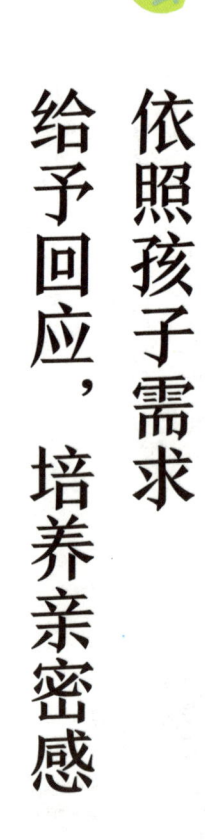

依照孩子需求给予回应，培养亲密感

我们有个跟安全感和平静有关的身体基础来源——副交感神经，而副交感神经幕后的功臣叫作"迷走神经"。

迷走神经分为"上迷走神经"和"下迷走神经"，上迷走神经是漫布在横膈膜以上，心脏、肺等器官附近，它会将身体信息传送到脑干，再送往杏仁核判读，接着传送至前额叶。当脑部和身体对危机整体评估和判读后，会做出反应。下迷走神经即是根据身体原始的系统来感受，它在横膈膜以下，肠胃器官附近。

身体直觉会判读现在的处境是危险还是安全，就是来自神经系统的研判，所以无论你和孩子的冲突有多大，意见有多么不一致，让我们安顿好自己的心，**运用修复的语言和孩子一起平静身心，如此一来亲子之间才有机会持续沟通并且对话。**

当我们跟孩子生气，孩子有他的解读和委屈，我们也有难受和气馁的时刻，这些都是"灰色地带"，都有讨论的空间，而修复就是在建构这片地带。

孩子小的时候和青少年时期，大脑会做许多髓鞘化包覆的工作。简单来说，髓鞘化就像是从密密麻麻的水泥路长出高速公路的大脑工程。在这个时期孩子会显得更混乱和冲动，毕竟他们负责思考、决策的前额叶尚未成熟。这时候他们的情绪爆点也很多。

身为父母千万要记得，成人的前额叶已经成熟了，但孩子的还未成熟，所以应该站在修复的立场，重新跟他们产生联结。

在自己情绪回稳的时候，也要让孩子同样感受到平静修复的体验，和孩子的心连在一起，让他进到你生命中的那一道安全之门。这道门唯有你们联结才有机会开启，如此才能在各个时期陪伴孩子谈论各种话题。

亲子之间美好愉悦的经验，会影响他判断什么是真正的"亲密感"。

对孩子来说，当他的内在激发一个固执的信念时，因为生理不够成熟，加上交感神经的激化，就容易情绪过激。在情绪过激的状态下，他社会互动的能力就会下降，变得更固执且无法沟通。

"爱"与"理解"的亲密感

我听过很多孩子在追求爱情的过程中提到："他让我感觉很放心，我可以跟他说很多秘密，所以我喜欢他。""他在我情绪激动时都没说话，真的很会搞定我。""他会叫我起床，帮我买早餐。""心情很乱时就想去找他，我会感到很放松。"这些被

"理解"的感觉，孩子可能解读成爱。

你有没有发现，其实上述的经验，父母也做得到，但为什么孩子只觉得外人好？这是因为在教养的过程中，父母的关心常常变成"快一点""东西拿了没"这类的例行叮嘱，忘记了与孩子谈心说爱。我们能做的就是，不断让孩子感受到我们依然爱他，他就不容易为了找寻爱而迷失自己。

从"散发男人味／女人味""坏男人／女人有人爱"到"身体自主权"的观念转变，这些观点的流行，可以说是一大迷思。

别人对你坏，是因为太爱你？别人对你坏，是因为太在乎你？别人对你坏，是因为太想要你靠近？

性教育不是一步到位的教育，孩子们的苦恼来源非常多元，有些孩子发问的目的，是希望大人帮忙提供知识点和解决方法，有些孩子则是希望大人倾听自己的困扰和心声。

因此，掌握一个原则：**我们得在孩子不同的年龄阶段，问到哪儿，回答到哪儿。无论是经验分享还是知识搜集，让孩子从和你大方探讨的时刻，体会爱和亲密，对于身体的任何感受他都能与你袒露谈论。**所以理解孩子的内在状态，并不是纵容或者宠溺，反而是正确理解他的需求在哪里，增加和孩子沟通的渠道。

保有自主意识

从小做起，培养孩子成为有自主意识的人，明确知道自己的界线，什么可以接受、什么不可以接受；自主意识不是建立在压迫对方的基础之上，更不是让自己委曲求全以换来对方的感情。在爱情中，欺负就是欺负，暴力就是暴力。

有些男生在约会的过程中，觉得一定要掏心掏肺，对方的任何要求都要接受，但这样低自尊的情感追求，却换来对方的予取予求，然后才惊觉对方在仗势欺人，直到自己受不了为止，最后以"我到底做错了什么"的失败情感收场。孩子必须要了解，自己有盲点也有爆点，知道自己也有界线，才能保有自主意识。

回归到父母的角色，我们都不完美，也会有对孩子发脾气、难受到想大哭的时候，这些反应都是非常正常的。只要我们不是长期以这样的方式和孩子互动就不会对孩子心灵造成伤害，同时，要让孩子知道你介意的点，了解你的界线。在发脾气之后，要和孩子说明你为何生气，为何难受，哪些是我们无法接受的点，而不是任由气氛一直僵持下去，要别人来当和事佬。

要由我们自己来修复和解释，并且针对过激反应和孩子说清楚，适时表达抱歉或不好意思。要和孩子重新联结，因为关于"信任"，和孩子联结时的平静感，都来自身体体验建构的修复。

耐心观察、探究孩子的内在

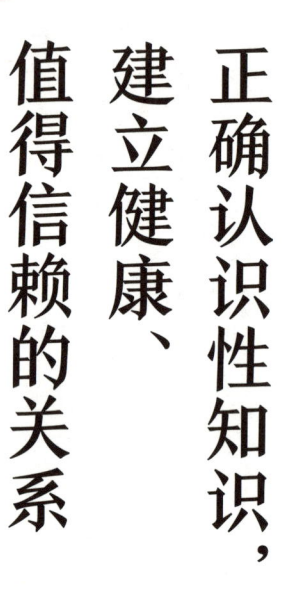

正确认识性知识，建立健康、值得信赖的关系

在贾斯汀·里查森和马克·查斯特所著的《不怕小孩问：写给父母的亲子性教育指南》一书中提到，孩子在四岁前，会因为触摸身体产生愉悦感，这时候可以告诉孩子正确的性器官名称，让他们了解生理性别的差异。

男生有阴茎和睾丸，女生对应的是阴唇而不是子宫，而阴唇又包含大阴唇和小阴唇。曾经有位家长教导孩子在学校讲正确的器官名词，却换来同学的排挤，认为孩子"好色""和我们不是一类人"。折中办法是，让孩子懂得每个器官的正式名称和通俗的用语，也许就可以兼顾孩子在群体的适应性，不被他人误解为异类。

我曾在演讲过程中问家长："当小孩问到性器官的时候，你们都怎么跟孩子解释呢？"他们害羞地说："老师你说什么，性器官是……是那里吗？"反应扭捏而害羞。

对于孩子的疑问，我们应淡定地回应，将性器官回归到器官的一部分，就像眼耳鼻舌一样，都是身体的一部分。有色眼镜是大人给予的，因为大人知道的实在是太多了，但实际上大人不知道的东西也很多。况且，在手足或者其他家庭成员的相处上，就会发现性征的不同。

在台湾地区也有学生通过社交网络询问网友，像是"阴茎长得歪歪的，是不是不正常"或者"乳头颜色好深，硬硬的，是不是得了乳腺癌"等问题，结果被网友"钓鱼"，对方掌握私密照后，要其拍自慰视频进行后续的威胁，使其进而落入性剥削的魔爪中。

对于性的好奇，孩子从小就有，只是每个阶段都不相同。家长应该保持健康的态度，不再以私密、呵斥、神秘的方式来处理，对孩子才有实质的帮助。对于不懂之处，有专门的心理机构可以提供咨询服务。

身为父母的我们，也不用大惊小怪，让孩子因为羞愧或害怕而闭嘴。关于生理问题都不需要害怕去咨询专业医师，寻找专业的人士解决问题，在隐私的边缘，对身体、对关系、对性有正确认识，对自尊的建立是非常重要的。

多给孩子一点时间，彼此的信任感就会越累积越多

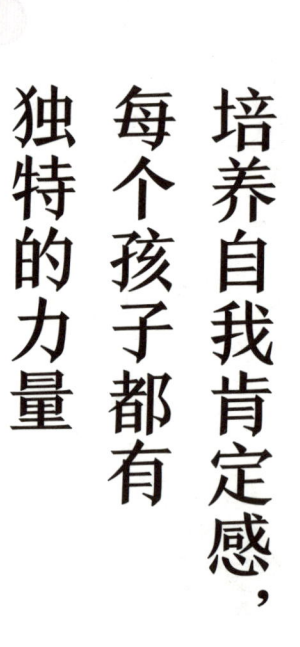

培养自我肯定感,
每个孩子都有
独特的力量

个性和气质是天生的，所谓"厌女文化"其实是"厌脆弱文化"，像是"阳刚"或"阴柔"，"勇敢"或"脆弱"这种非黑即白的说法，都是"厌女文化"的一环。每个人都有脆弱和刚强的一面，只是比重不同。只要用自己的方式积极生活，就是最好、最精彩的。

"男儿有泪不轻弹""女孩子就要温柔些""男孩子要果敢，像个男子汉""女生不要有太多意见，男生就要有想法""女生要文静一点，男生要有担当"等，这些传统的评价，不知道让多少人在情海中沉沦，更束缚了很多人，让他们无法面对真实的自己，在传统的包袱中，过着他人期望却不敢自由表达真实面貌的人生。

以前的女性没有投票权，不能受教育，到现今则出现了"阿尔法女孩"（Alpha Gril，指学业、运动能力、领导力超越同龄男性，且获得高度成就的自信女性）。在情感教育方面，约会暴力、跟踪、自以为是的控制狂、总裁小妹式的男强女弱爱情观，更已经慢慢被视为落伍，逐渐被取代。

我们的性教育和性观点也需要与时俱进，从小协助孩子跨越性别回到"人权"，跳脱谁依附谁的观点，而塑造各种性别共好的平等意识。

接纳自己的脆弱与坚强，是生命最棒的礼物

有一次我侄女想要听我讲鬼故事，关于女鬼的故事，最好是冤死的。

我打趣地说："你不觉得很奇怪吗？从古到今好多女鬼都是不被了解而死掉的，有多少人不懂女鬼，将女鬼神秘且妖魔化，说不定人家是从天上捎来祝福的天使或神仙教母啊！"

我跟女儿讲故事的时候，也会加入不同的观点。例如灰姑娘的爸爸娶了继母后，她就被关到地下室。同样都是女生却有两个世界，她和姐姐过着楼上优渥楼下凄凉的不同人生。继母面对丈夫前妻的女儿时在害怕什么？而姐姐们面对外貌美丽的妹妹，又有多少的忌妒和争宠心？当我们面对争宠或忌妒时，要怎么平衡和自处呢？

又或者是《冰雪奇缘》里的艾莎，她的父母害怕她的力量，所以把她关起来，而她则是因为害怕自伤或伤人，封闭了自己。最后她接受自己的力量，掌管自己的皇宫，变成接纳自己的冰雪女王。

对于自我力量的掌握，女性不断在隐喻或是童话故事里进行蜕变和探讨，重点是每个人都有自己独特的力量。

当有了这种力量，无须害怕，直接面对即可。不管是男孩还是女孩，不用害怕自己的脆弱时刻。

只要身而为人，"强悍"和"脆弱"都是我们的生命力量。懂得自己有什么力量，如何运用，就是对自我的认识和接纳。

当我们发现身边的人性别意识不足时，不要害怕，反而可能提供不同的信息，平衡一下观点。这样的机会教育，完全可以由父母做起。

像女孩一样奔跑

网络上有部短片叫《像女孩一样奔跑》，片中请成年女性和男性模仿女孩子跑步和打架的样子，另外再请一组十几岁的女孩跑步进行对比。成年女性和男性想象着女孩娇羞、柔弱，并且边跑边笑完成；而对照组的十几岁女孩则是"要倾尽全力去跑"。片尾提及女孩在十到十二岁的时候，会因为外在的目光和社会的期许压力，对自己的身体感到不自信。

我们常说:"养育孩子,需要一整个村子的力量。"我想,让孩子养成自主意识和实现身体预期,也需要整个社会一起来维护。我曾听说一些女性婚姻失败后,究责于自己的长相;一些男性婚姻不利之后,则归咎在房事的表现或外形是否够强壮,是否够有钱有权势上。

其实,不管高矮胖瘦、胸部大小、阴茎大小,都只是你身体的一部分而已。你的价值不取决于这些标准,你得自我肯定,你的身体是最独一无二的,而且不容置喙。

当你将问题超脱于样貌和隐私,你会发现这些问题并不是这么简单。而我们看待孩子的问题也是,**孩子的自尊取决于父母的观感和平时的灌溉,不要因为他人的想法而感到焦虑,更别在别人面前对孩子的外形样貌或身形品头论足。唯有我们尊重孩子,他们才会尊重自己。**

结语
慢速建立亲子间的默契与信任，一次次更亲密

看到这页，请你闭上眼睛，静静地感受从心底浮出的亲子相处画面，并且感谢已经读到这里的自己。这辈子和孩子在一起的我们，是极其幸福的。他们不只想要自己被父母祝福，同时也希望父母跟他们一样幸福、拥抱快乐。

在孩子小时候，我们可能会在教养孩子时感到崩溃，却也因为教养孩子才有机会帮助自己把注意力放在当下，努力学习如何回稳、回温，帮助自己进化到另一个"极度分心、极度关心、睡眠极少但活力用不尽"的育儿境界。请你记住，"我们永远是孩子的安全港湾，如果孩子是浪，我们就是海"。如果孩子是温度计，随着环境改变而变化万千，我们就要做恒温计。

永远不要在孩子溺水的时候，教他游泳。孩子在生理的动荡时期，会感到挫折和无助，这感觉就如同"溺水"，这时候先扶孩子一把，拉他上岸，帮助他撑出心理空间，让他回稳。你

的孩子，也会在这个过程中学习什么叫作"好好被对待"，用身体记得这种感受；如此，你已经通过以身作则，帮助这个社会建立了更多善的循环。

孩子成长，无须赶路，让他来告诉你童年的秘密

孩子的童年只有一次，父母的中年也只有一次。此时的我们，平行度过两个艰难的时期，在此共同称作"亲子关系（亲情）的打造"，亲子之间慢速建立起默契和对彼此的信心。相信我们会在孩子的大脑成熟前，一次次被挑战，也会一次次与孩子更亲密；只要我们掌握方法，做不到的时候接纳自己，做到的时候也不忘鼓励自己的用心。在每一次的改变中，我们都已经蜕变成不一样的人，与孩子的人生一同进步！

在恒温教养的实践中我们应持续"聚焦在有用的改变上"。当我们情绪溺水时，也记得聚焦在对自己有用的解套方法上，逐步理解自己、善待自己、温柔不苛责自己。在溺水时，永远聆听内在小孩（智慧）的声音，唯有我们敢听自己的真心话，

面对真实的心境，才有机会真切地聆听眼前孩子的心声！

　　家庭教养方式的改变，在你读完本书的这一刻，就已经悄悄发生。祝福你，拥抱幸福，和家人、和孩子每一分每一秒都幸福着！在此，也感谢我的父母、公婆、先生和孩子们，用生命的互动、家庭的养分，陪伴我走在这条不简单的"家庭相处"之路上，共同完成那些关于爱的功课！

黄之盈

尊重彼此的真实感受，成为更好的父母

参考书目

- 《不怕小孩问：写给父母的亲子性教育指南（新版）》贾斯汀·里查森、马克·查斯特著

- 《拼教养：全球化、亲职焦虑与不平等童年》蓝佩嘉著

- 《在家也能蒙特梭利（全新增订版）》提姆·沙丁著

- 《让我做你的心灵捕手》黄之盈著

- 《数位时代 0~12 岁教养宝典》克莉丝堤·古德温著

- 《跟阿德勒学正向教养：学龄前儿童篇》简·尼尔森、谢瑞尔·艾尔文、罗思琳·安·达菲著

- 《P.E.T. 父母效能训练》托马斯·戈登著

- 《人学》鲁道夫·斯坦纳著

- 《父母的情绪，孩子都知道》韩成范著

MEMO

MEMO

MEMO

MEMO

MEMO

MEMO